PYCC

标准俄语

口语句典＋常用词词典

Elena Filimonova 编
贾长龙 郭丽君 编译

北京语言大学出版社
BEIJING LANGUAGE AND CULTURE
UNIVERSITY PRESS

图书在版编目（CIP）数据

BBC标准俄语口语句典+常用词词典／（英）费里莫诺娃编；贾长龙译．—北京：北京语言大学出版社，2009.6
ISBN 978-7-5619-2319-1

Ⅰ.B… Ⅱ.①费…②贾… Ⅲ.俄语—口语—词典
Ⅳ.H359.9-61

中国版本图书馆CIP数据核字（2009）第076134号
北京市版权局著作权合同登记图字01-2008-3614号

书　　名：BBC标准俄语口语句典+常用词词典
责任印制：陈　辉

出版发行：北京语言大学出版社
社　　址：北京市海淀区学院路15号　**邮政编码：**100083
网　　址：www.blcup.com
电　　话：发行部　82303648/3591/3651
编辑部　82303700
读者服务部　82303653/3908
网上订购电话　82303668
客户服务信箱　service@blcup.net
印　　刷：北京新丰印刷厂
经　　销：全国新华书店

版　　次：2009年7月第1版　2009年7月第1次印刷
开　　本：787毫米×1000毫米　1/32　**印张：**7.375
字　　数：208千字
书　　号：ISBN 978-7-5619-2319-1/H·09064
定　　价：25.80元（含一张光盘）

凡有印装质量问题，本社负责调换。电话：82303590

如何使用本书

本书的编排设计旨在帮助你快速找到日常最需要的语言。你也可以查看 4-5 页上的目录，以及每个部分一开始的内容索引。

除了语言提示，每个部分包含：

你可能想说……

你在各种场合需要表达的俄语

你可能看到……

你在标示牌和印刷品上会看到的俄语

你可能听到……

人们用俄语询问你的问题或提供给你的说明或信息

在 12 页，你会看到“必备语句”，列出了适合各种用途的基本语句，帮助你直接开始交流。

很多语句可以直接使用词典中的词来进行替换。例如问句 Где аэропóрт? (机场在哪里 ?)，如果你想知道“车站”在哪里，只要用 вокзáл 替换 аэропóрт，说 Где вокзáл? 就行了。

发音指南对照英语发音举例说明，并提供罗马字母转写和汉语近似发音。如果你想了解俄语的基本知识，见 145 页的**语法速览**。本书最后的词典分成两个部分，即**俄汉英词典**和**汉俄英词典**。

现在开始你的俄语之旅吧。

目录 Contents

发音指南

■ 俄语字母表

俄语是斯拉夫语系中使用最广的语言。它使用的是西里尔字母；东部和南部斯拉夫语（如：保加利亚语、塞尔维亚语、乌克兰语）、前苏联的语言（高加索语、乌拉尔语、土耳其语）、蒙古语也使用西里尔字母。西里尔字母完全是以希腊语字母为基础的。

俄语有 33 个字母，与英语比较可以分成 3 组：

形状和发音与英语类同的：A, E, K, M, O, T。

形状与英语相似但发音不同的：B，如同英语的 V，其他还有 H (N), P (R), C (S), У (U), X（如同苏格兰语 loch 中的 ch）。

形状完全不同于英语，如：Ж, Ф, Ю, Я，但发音常常与英语十分相近。

字母	字母名称	英语类似发音	罗马字母转写和汉语近似发音
А а	а [aː]	f**a**ther	a［阿］
Б б	бэ [bɛ]	**b**ad	b［勃］
В в	вэ [vɛ]	**v**oice	v［弗］
Г г	гэ [gɛ]	**g**ood	g［格］
Д д	дэ [dɛ]	**d**ate	d［德］
Е е	е [jɛ]	**ye**s	e［叶］
Ё ё	ё [jo]	**yo**ghurt	io/yo［腰］
Ж ж	жэ [ʒɛ]	plea**s**ure	zh［日］
З з	зэ [zɛ]	**z**ip	z［兹］
И и	и [i]	**ee**l	i［伊］

Й й	и краткое （短音 и）	boy	i［伊］
К к	ка [ka]	cat	k［克］
Л л	эль[ɛl]	love	l［勒］
М м	эм [ɛm]	man	m［姆］
Н н	эн [ɛn]	nail	n［恩］
О о	о [o]	small	o［奥］
П п	пэ [pɛ]	pan	p［普］
Р р	эр [ɛr]	卷舌 r	r［尔］
С с	эс [ɛs]	sad	s［斯］
Т т	тэ [tɛ]	tap	t［特］
У у	у [u:]	book	u［乌］
Ф ф	эф [ɛf]	food	f［弗］
Х х	ха [xa]	loch	kh［赫］
Ц ц	цэ [tsɛ]	toilets	ts［茨］
Ч ч	че [tɕɛ]	cheap	ch［奇］
Ш ш	ша [ʃ a]	sheep	sh［什］
Щ щ	ща [ɕ:a]	shock	shch［希］
ъ	твёрдый знак （硬音符号）	不发音，起隔音的作用	
ы	ы [ɨ]	英语中无对应音，单词不以此字母起始	yi［厄］
ь	мягкий знак （软音符号）	不发音，软化前面的辅音	
Э э	э [ɛ:]	Mary	e［埃］
Ю ю	ю [ju:]	usual	u/yu/iu［尤］
Я я	я [ja:]	yak	ia/ya［亚］

АЛФАВИТ					
А а	*А а*	К к	*К к*	Х х	*Х х*
Б б	*Б б*	Л л	*Л л*	Ц ц	*Ц ц*
В в	*В в*	М м	*М м*	Ч ч	*Ч ч*
Г г	*Г г*	Н н	*Н н*	Ш ш	*Ш ш*
Д д	*Д д*	О о	*О о*	Щ щ	*Щ щ*
Е е	*Е е*	П п	*П п*	ъ	*ъ*
Ё ё	*Ё ё*	Р р	*Р р*	ы	*ы*
Ж ж	*Ж ж*	С с	*С с*	ь	*ь*
З з	*З з*	Т т	*Т т*	Э э	*Э э*
И и	*И и*	У у	*У у*	Ю ю	*Ю ю*
Й й	*Й й*	Ф ф	*Ф ф*	Я я	*Я я*

■ 元音

一些元音的发音与书写并不一致。基本的原则是：非重读的 o 发成 a，e 发成 и。

俄语中的元音每个都单独发音，例如：Россия（俄罗斯）应该发成 [ras-í-ja], театр（剧院）发成 [ti-á-tr]。

■ 重音

俄语发音很多取决于重音。有两个以上音节的单词中，有一个音节要更突出一些，比其他音节发音更强一些。重音可能会落在单词的任何一个音节上。如：зáмок（城堡）和 замóк（锁）。

一些复杂的单词还会有次重音。本书中，在相应的元音上方标示重音符号。

字母 ё 始终发重音。带有 ё 的单词不标示重音符号。书写时，通常字母上的两点并不写出来。俄语里总能够区分出 е 和 ё。本书标出字母 е 上的两点。

在“你可能看到……”，俄语短语一栏没有标示重音符号，因为你看到的实际上就是这样的。

■ 语调

典型的陈述句语调是句尾降调。

Вы хоти́те кóфе. 您想喝咖啡。

语调上扬可以将陈述句变成疑问句，无需改变词序。在是非问句中（用“是”或“不”回答），语调在最重要的单词的尾部上扬。

下面的例子说明了问句的意义取决于语调的位置：

Вы хоти́те кóфе? 您想喝咖啡吗？

Вы хоти́те кóфе? 您想喝咖啡吗？

Вы хоти́те кóфе? 您想喝咖啡吗？

基础知识

必备语句

您好！	Здра́вствуйте!	Hello.
再见。	До свида́ния.	Goodbye.
早上好。	До́брое у́тро.	Good morning.
下午好。	До́брый день.	Good afternoon.
晚上好。	До́брый ве́чер.	Good evening.
晚安。	Споко́йной но́чи.	Good night.
是（的）。	Да.	Yes.
不（是）。	Нет.	No.
请，不要客气。	Пожа́луйста.	Please.
（十分）感谢。/ 多谢。	(Большо́е) спаси́бо.	Thank you (very much).
不用谢。/ 不客气。	Не́ за что.	You're welcome./ Don't mention it.
我不知道。	Я не зна́ю.	I don't know.
我不明白。	Я не понима́ю.	I don't understand.
我只会说一点点俄语。	Я лишь немно́го говорю́ по-ру́сски.	I only speak a little bit of Russian.
您说英语吗？	Вы говори́те по-англи́йски?	Do you speak English?
对不起，我不明白。	Извини́те. Я не понима́ю.	Pardon?
请您再说一遍。	Повтори́те, пожа́луйста.	Could you repeat that please?
请您说得慢一点儿 / 不要太快。	Поме́дленнее/ не так бы́стро, пожа́луйста.	More slowly, please.

…用俄语怎么说？	Как по-ру́сски...?	How do you say... in Russian?
对不起。	Прости́те./ Извините.	Excuse me./Sorry.
我感到很遗憾。/ 对不起。	Мне жаль.	I'm sorry.
好的。	Хорошо́.	OK, fine./That's all right.
为健康干杯！	За здоро́вье!	Cheers! *(as toast)*
您叫什么名字？	Как Вас зову́т?	What's your name?
很高兴认识您。	Очень прия́тно.	Pleased to meet you.
我想…	Я бы хоте́л/ хоте́ла...	I'd like... *(m/f)*
您有…吗？	У Вас есть...?	Is/are there (any)...?
这是什么？	Что́ это?	What's this?
（这）多少钱？	Ско́лько (это) сто́ит?	How much is it?
可以…吗？	Мо́жно...?	Can I/we...?
…在哪里？	Где...?	Where is/are...?
您可以…吗？	Вы мо́жете...	Can you...
告诉我…	сказа́ть мне...?	tell me...?
给我…	дать мне... ?	give me...?
在地图上给我指出来	показа́ть мне на ка́рте?	show me on the map?
写下来	написа́ть?	write it down?
救命！ / 请帮个忙！	На по́мощь!/ Помоги́те!	Help!

数字

0	ноль	zero
1	оди́н	one
2	два	two
3	три	three
4	четы́ре	four
5	пять	five
6	шесть	six
7	семь	seven
8	во́семь	eight
9	де́вять	nine
10	де́сять	ten
11	оди́ннадцать	eleven
12	двена́дцать	twelve
13	трина́дцать	thirteen
14	четы́рнадцать	fourteen
15	пятна́дцать	fifteen
16	шестна́дцать	sixteen
17	семна́дцать	seventeen
18	восемна́дцать	eighteen
19	девятна́дцать	nineteen
20	два́дцать	twenty
21	два́дцать оди́н	twenty-one
22	два́дцать два	twenty-two
30	три́дцать	thirty
31	три́дцать оди́н	thirty-one
32	три́дцать два	thirty-two
40	со́рок	forty

50	пятьдеся́т	fifty
60	шестьдеся́т	sixty
70	се́мьдесят	seventy
80	во́семьдесят	eighty
90	девяно́сто	ninety
100	сто	one hundred
101	сто оди́н	one hundred and one
102	сто два	one hundred and two
200	две́сти	two hundred
250	две́сти пятьдеся́т	two hundred and fifty
300	три́ста	three hundred
400	четы́реста	four hundred
500	пятьсо́т	five hundred
600	шестьсо́т	six hundred
700	семьсо́т	seven hundred
800	восемьсо́т	eight hundred
900	девятьсо́т	nine hundred
1, 000	ты́сяча	one thousand
2, 000	две ты́сячи	two thousand
3, 000	три ты́сячи	three thousand
4, 000	четы́ре ты́сячи	four thousand
100, 000	сто ты́сяч	one hundred thousand
1, 000, 000	оди́н миллио́н	one million
1, 500, 000	полтора́ миллио́на	one and a half million

序数

第一	пе́рвый, пе́рвая, пе́рвое	first *(m/f/n)*
第二	второ́й, втора́я, второ́е	second *(m/f/n)*
第三	тре́тий, тре́тья, тре́тье	third *(m/f/n)*
第四	четвёртый, четвёртая, четвёртое	fourth *(m/f/n)*
第五	пя́тый	fifth *(m)*
第六	шесто́й	sixth *(m)*
第七	седьмо́й	seventh *(m)*
第八	восьмо́й	eighth *(m)*
第九	девя́тый	ninth *(m)*
第十	деся́тый	tenth *(m)*

分数

四分之一	че́тверть	a quarter
二分之一	полови́на	a half
四分之三	три че́тверти	three-quarters
三分之一	треть	a third
三分之二	две тре́ти	two-thirds

星期

星期一	понеде́льник	Monday
星期二	вто́рник	Tuesday
星期三	среда́	Wednesday

星期四	четве́рг	Thursday
星期五	пя́тница	Friday
星期六	суббо́та	Saturday
星期日	воскресе́нье	Sunday

■ 月份

一月	янва́рь	January
二月	февра́ль	February
三月	март	March
四月	апре́ль	April
五月	май	May
六月	ию́нь	June
七月	ию́ль	July
八月	а́вгуст	August
九月	сентя́брь	September
十月	октя́брь	October
十一月	ноя́брь	November
十二月	дека́брь	December

■ 季节

春	весна́	spring
夏	ле́то	summer
秋	о́сень	autumn
冬	зима́	winter

■ 日期

你可能想说……

• 今天是星期几？	Какóй сегóдня день (недéли)?	What day is it today?
• 今天是几号？	Какóе сегóдня числó?	What date is it today?
• 你 / 您什么时候过生日？	Когдá у тебя́/Вас день рождéния?	When is your birthday?
• 今天是 4 月 15 日。	(Сегóдня) пятнáдцатое апрéля	(It's) the fifteenth of April.
• 在 4 月 15 日。	Пятнáдцатого апрéля	On the fifteenth of April.

■ 表达时间

在俄语里，"几点半" 直译就是"到下一个钟点的半途"。"六点半" 就是 полседьмого，直译就是"到 7 点的半途"；同样，3 点 20 是 двадцать минут четвёртого，"离 4 点还有 40 分钟"。4 点 50 分即还差 10 分钟就是 5 点：без десяти (минут) пять；差一刻 6 点即 без четверти шесть。俄罗斯地跨 11 个时区。在俄罗斯旅行时，一定要注意出发和到达时间是莫斯科时间还是当地时间。

你可能想说……

• 几点了？	Котóрый час?/ Скóлько врéмени?	What time is it?
• 什么时候…？	Когдá...	What time does it...
开	открывáется?	open?

基础知识

关	закрыва́ется?	close?
开始	начина́ется?	start?
结束	зака́нчивается?	finish?
• 现在是…	(Сейча́с)...	It's...
10 点	де́сять часо́в	10 o'clock
中午	по́лдень	midday
半夜	по́лночь	midnight
• 在…	(В)...	At...
9 点半	полдеся́того	half past nine
10 点半	полови́не оди́ннадцатого	half past ten
9 点一刻	че́тверти деся́того	a quarter past nine
差一刻钟 10 点	без че́тверти де́сять	a quarter to ten
10 点 20 分	два́дцать мину́т оди́ннадцатого	twenty past ten
10 点 45 分	два́дцать пять мину́т оди́ннадцатого	twenty-five past ten
10 点整	ро́вно в де́сять (часов)	precisely ten o'clock
• …以后	Че́рез...	In...
10 分钟	де́сять мину́т	ten minutes
15 分钟	пятна́цать мину́т	fifteen minutes
半小时	полчаса́	half an hour
一小时	час	an hour

■ 时间短语

你可能想说……

• 日	день	day
• 周	неде́ля	week
• 两周	две неде́ли	fortnight
• 月	ме́сяц	month
• 年	год	year
• 今天	сего́дня	today
• 明天	за́втра	tomorrow
• 后天	послеза́втра	the day after tomorrow
• 昨天	вчера́	yesterday
• 前天	позавчера́	the day before yesterday
• 今天早晨 / 上午	сего́дня у́тром	this morning
• 今天下午	сего́дня по́сле обе́да	this afternoon
• 今天晚上	сего́дня ве́чером	this evening/ tonight
• 在星期五	в пя́тницу	on Friday
• 每星期五	по пя́тницам	on Fridays
• 每…	ка́ждый...	every...
星期一	понеде́льник	Monday
• 每周	ка́ждую неде́лю	every week
• 持续…	на...	for...
一个星期	неде́лю	a week
两个星期	две неде́ли	two weeks
两年	два го́да	two years

一个月	ме́сяц	a month
• 我将在这呆两周。	Я пробу́ду здесь две неде́ли.	I'm here for two weeks.
• 我在这已经一个月了。	Я здесь уже ме́сяц.	I've been here for a month.
• 我学了两年俄语。	Я учу́ ру́сский язы́к два го́да.	I've been learning Russian for two years.
• 下星期二	в сле́дующий вто́рник	next Tuesday
• 在下周	на сле́дующей неде́ле	next week
• 在下个月	в сле́дующем ме́сяце	next month
• 在明年	в сле́дующем году́	next year
• 昨夜	про́шлой но́чью	last night
• 在上周	на про́шлой неде́ле	last week
• 一周前	неде́лю наза́д	a week ago
• 一年前	год наза́д	a year ago
• 从昨天	со вчера́шнего дня	since yesterday
• 从上周	с про́шлой неде́ли	since last week
• 从上个月	с про́шлого ме́сяца	since last month
• 从去年	с про́шлого го́да	since last year
• 早 / 晚	ра́но/по́здно	It's early/late

度量单位

度量单位		
厘米	санти́метр/санти́метры	centimetre(s)
米	метр/ме́тры	metre(s)
千米（公里）	киломе́тр/киломе́тры	kilometre(s)
英里	миля/мили	mile(s)
升	литр/ли́тры	a litre
25 升	два́дцать пять ли́тров	25 litres
克	грамм	gramme
100 克	сто гра́мм(ов)	100 grammes
200 克	две́сти гра́мм(ов)	200 grammes
千克（公斤）	килогра́мм/килогра́ммы	kilo(s)

换算表	
1 km ≈ 0.62 miles（英里）	**1 lb**（磅）≈ 450g（克）
1 mile（英里）≈ 1.61km（千米）	**200g**（克）≈ 7oz（盎司）
1 litre（升）≈ 1.8 pints（品脱）	**1/4lb**（磅）≈ 113g（克）
100g（克）≈ 3.5 oz（盎司）	**1/2lb** ≈ 225g（克）
1oz ≈（盎司）28g（克）	**1 kilo**（千克）≈ 2.2lb（镑）

将千米换算成英里，先除以 8 再乘以 5，如 16 公里 (16/8 = 2, 2 × 5 = 10) = 10 英里。

将英里换算成千米，先除以 5 再乘以 8，如 50 公里 (50/5 = 10, 10 × 8 = 80) = 80 千米。

服装和鞋的尺码

女装								
英国	6	8	10	12	14	16	18	20
欧洲	36	38	40	42	44	46	48	50
俄罗斯	40	42	44	46	48	50	52	54
男装								
英国	36	38	40	42	44	46	48	
欧洲	46	48	50	52	54	56	58	
男衬衣								
英国	14	14 1/2	15	15 1/2	16	16 1/2	17	
欧洲	36	37	38	39/40	41	42	43	
鞋								
英国	2	3	4	5	6	7	8	
欧洲	36	35.5	37	38	39.5	40.5	42	
英国	9	10	11	12				
欧洲	43	44.5	45.5	47				

法定节假日

新年普遍是日历上的第一天。许多地方过两次新年，1月1日和1月14日（对应于旧历1月1日，用于1918年以前，俄罗斯东正教现在仍在使用。）

下面列出的是俄罗斯的法定节假日，在这些假日里银行、办公室和大部分店铺不营业或者不办公。

Новый год	新年	New Year's Day
Новогодние каникулы	新年假期	New Year Holidays
Рождество	圣诞节（俄罗斯东正教：1月7日）	Christmas Day, Russian Orthodox: 7 January

基础知识

День защитника Отечества	祖国守卫者日（2月23日）	Defenders of the Motherland Day: 23 February
Международный Женский день	国际妇女节（3月8日）	International Women's Day: 8 March
Пасха	复活节	Easter
День Весны и труда	春天和劳动节（5月1日）	Spring and Labour Day: 1 May
День Победы	胜利日（5月9日）	Victory Day: 9 May
День России	俄罗斯日（6月12日）	Day of Russia: 12 June
День Народного единства	人民团结日（11月4日）	Day of National Unity: 4 November

日常会话

■ 问候

俄语里有两个词表示第二人称。Вы 是表示尊敬的正式表达，或者对于二人以上使用；ты 是非正式表达，用于称呼孩子或好友。本书中，如果不是特别说明，我们使用 Вы 的形式。如果你需要使用 ты 的形式，动词的词尾需要变化（见 145 页“语法速览”）。

你可能想说……

• 您好！	Здра́вствуйте!	Hello. *(formal)*
你好！	Здра́вствуй!	Hello. *(informal)*
• 你好！	Приве́т!	Hi.
• 早上好！	До́брое у́тро.	Good morning.
• 你好！	До́брый день.	Good afternoon.
• 晚上好！	До́брый ве́чер.	Good evening.
• 晚安！	Споко́йной но́чи.	Good night.
• 再见！	До свида́ния.	Goodbye.
• 回头见！	Пока́.	Bye. *(informal)*
• 近况如何？	Как дела́?	How are you?
• 谢谢，很好。	Спаси́бо, хорошо́.	Fine, thanks.
• 一切正常。	Ничего́.	OK.
• 那您呢？ / 那您怎么样？	А у Вас?/А Вы как?	And you? *(formal)*
那你呢？ / 那你如何？	А у тебя?/А ты как?	And you? *(informal)*

■ 介绍

俄罗斯人姓名由三部分构成：名字 (имя)、父称 (отчество) 和姓 (фамилия)。父称源自这个人的父亲的名字，男人名加上 -ович/-евич，女人名加上 -овна/-евна 构成。例如：父亲 Иван

(伊万)；儿子 Иванович (伊万诺维奇)；女儿 Ивановна (伊万诺夫娜)。

你可能想说……

• 我叫…	Меня зовут...	My name is...
• 这是…。	Э́то...	This is... *(referring to a man)*
布朗先生	господи́н Бра́ун.	Mr Brown.
我的丈夫	мой муж.	my husband.
我的儿子	мой сын.	my son.
我的男朋友	мой друг.	my boyfriend.
• 这是…。	Э́то...	This is... *(referring to a woman)*
布朗女士	госпожа́ Бра́ун.	Mrs Brown.
我的妻子	моя́ жена́.	my wife.
我的女儿	моя́ дочь.	my daughter.
我的女朋友	моя́ подру́га.	my girlfriend.
• 很高兴认识您！	О́чень прия́тно!	Pleased to meet you.
• 可以用“你”来称呼吗？	Мо́жно на ты́?	Can we use ‘ты’?

■ 自我介绍

你可能想说……

• 我是中国人。	Я кита́ец/китая́нка.	I'm Chinese. *(m/f)*
• 我是英格兰人。	Я англича́нин/англича́нка.	I'm English. *(m/f)*
• 我是苏格兰人。	Я шотла́ндец/шотла́ндка.	I'm Scottish. (m/f)

• 我是爱尔兰人。	Я ирла́ндец/ ирла́ндка.	I'm Irish. *(m/f)*
• 我是威尔士人。	Я валли́ец/ валли́йка.	I'm Welsh. *(m/f)*
• 我 / 我们来自于…。	Я/мы из...	I/We come from...
中国	Кита́я.	China.
英格兰	А́нглии.	England.
爱尔兰	Ирла́ндии.	Ireland.
苏格兰	Шотла́ндии.	Scotland.
威尔士	Уэ́льса.	Wales.
• 我住在 / 我们住在…。	Я живу́/мы живём в...	I/We live in...
伦敦	Ло́ндоне.	London.
爱丁堡	Эдинбу́рге.	Edinburgh.
• 我二十五岁。	Мне два́дцать пять лет.	I'm 25 years old.
• 他 / 她五岁。	Ему́/Ей пять лет.	He's/She's five years old.
• 我是…。	Я...	I'm a...
网页设计师	веб-диза́йнер.	web designer.
护士	медсестра́.	nurse.
学生	студе́нт/ студе́нтка.	student. *(m/f)*
• 我…工作。	Я рабо́таю...	I work in/for...
在银行	в ба́нке	a bank
在电脑公司	в компью́терной фи́рме	a computer firm
• 我已退休。	Я на пе́нсии.	I'm retired.

• 我无业。	Я безрабо́тный.	I'm unemployed.
• 我有自己的事情 / 自己的公司。	У меня́ своё де́ло/ своя́ фи́рма.	I run my own business.
• 我是自由撰稿人。	Я фрила́нсер.	I'm a freelancer.
• 我…。	Я...	I'm...
已婚	жена́т/заму́жем.	married. *(m/f)*
离婚了	разведён/ разведена́.	divorced. *(m/f)*
未婚	не жена́т/не за́мужем.	single. *(m/f)*
鳏夫 / 寡妇	вдове́ц/вдова́	widower/widow.
• 我有…。	У меня́...	I have...
三个孩子	тро́е дете́й.	three children.
一个儿子 / 一个女儿	оди́н сын/одна́ дочь.	one son/one daughter.
两个兄弟 / 两个姐妹	два бра́та/две сестры́.	two brothers/ two sisters.
• 我…。	У меня́...	I don't have...
没有孩子	нет дете́й	any children.
没有兄弟姐妹	нет бра́тьев и сестёр.	any brothers or sisters.
• 我是游客。	Я тури́ст.	I'm on holiday here.
• 我在这里出差 / 工作。	Я здесь по де́лу / по рабо́те.	I'm here on business.
• 我和…在这里。	Я здесь с...	I'm here with...
我的妻子	мое́й жено́й.	my wife.
我的丈夫	мои́м му́жем.	my husband.

全家	семьёй.	my family.
同事	коллéгой.	my colleague.
• 我的丈夫 / 儿子…	Мой муж/сын...	My husband/son is...
• 我的妻子 / 女儿…	Моя́ женá/дочь...	My wife/daughter is...
• 我的丈夫 / 我的妻子在…工作。	Мой муж/моя́ женá рабóтает в...	My husband/wife works in...
• 我会说一点俄语。	Я немнóго говорю́ по-рýсски.	I speak very little Russian.

■ 询问他人情况

你可能想说……

• 您 / 你从哪里来?	Откýда Вы/ты?	Where do you come from? *(formal/informal)*
• 您 / 你叫什么名字?	Как Вас/тебя зовýт?/	What's your name? *(formal/informal)*
• 您结婚了吗?	Вы женáты?	Are you married? *(to m)*
• 您嫁人了吗?	Вы замýжем?	Are you married? *(to f)*
• 您有…吗?	У Вас есть...	Do you have...
孩子	дéти?	any children?
兄弟姐妹	брáтья и́ли сёстры?	any brothers and sisters?
女朋友 / 男朋友	подрýга/друг?	a girlfriend/ boyfriend?
• 您 / 你多大岁数?	Скóлько Вам/ тебé лет?	How old are you? *(formal/informal)*
• 他多大岁数?	Скóлько им лет?	How old is he?

• 这是…吗？	Э́то...	Is this your...
您的丈夫 / 您的妻子	ваш муж/ва́ша жена́?	husband/wife?
您的男朋友 / 您的女朋友	ваш друг/ ва́ша подру́га?	boyfriend/ girlfriend?
• 他 / 她叫什么名字？	Как его́/её зову́т?	What is he/she called?
• 您要步行 / 乘车去哪？	Куда́ Вы идёте/ е́дете?	Where are you going? *(on foot/ by car)*
• 您在哪里停留？	Где Вы остано-ви́лись?	Where are you staying?
• 您住在哪里？	Где Вы живёте?	Where do you live?
• 您从事什么工作？	Чем Вы занима́е-тесь?	What do you do?
• 您研究（学习）什么？	Что Вы изуча́ете?	What are you studying?

■ 聊天

你可能想说……

• 莫斯科是一座非常漂亮的城市。	Москва́ о́чень краси́вый го́род.	Moscow is a very beautiful city.
• 我（很）喜欢俄罗斯。	Мне (о́чень) нра́вится Росси́я.	I like Russia (very much).
• 我第一次来莫斯科。	Я в пе́рвый раз в Москве́.	It's the first time I've been to Mo-scow.
• 我经常来圣彼得堡。	Я ча́сто быва́ю в Петербу́рге.	I come to St. Petersburg often.
• 您住在这里吗？	Вы здесь живё-те?	Do you live here?

• 您到过…吗?	Вы бы́ли в...	Have you ever been to...
北京	Пеки́не?	Beijing?
利物浦	Ливерпу́ле?	Liverpool?
剑桥	Ке́мбридже?	Cambridge?
• 您喜欢吗?	Вам понра́вилось?	Did you like it?

你可能听到……

• Вам нра́вится Росси́я?	您喜欢俄罗斯吗?	Do you like Russia?
• Вы ра́ньше быва́ли в Росси́и?	您之前到过俄罗斯吗?	Have you been to Russia before?
• Вы здесь в пе́рвый раз?	您第一次到这来吗?	Are you here for the first time?
• Ско́лько вре́мени Вы здесь бу́дете?	您将在这呆多长时间?	How long will you be here?
• Вы хорошо́ говори́те по-ру́сски.	您俄语说得非常好。	Your Russian is very good.
• Что Вы ду́маете о ...?	关于…您是怎么认为的?	What do you think of...?

■ 天气

你可能想说……

• 美丽的一天!	Чуде́сный день!	It's a beautiful day!
• (很)…。	(О́чень)...	It's (very)...
热	жа́рко.	hot.

冷	хóлодно.	cold.
风大	вéтренно.	windy.
湿	сы́ро.	damp.
滑	скóльзко.	slippery.
• 天气预报如何？	Какóй прогнóз погóды?	What's the forecast?
• …。	(Идёт...)	It's...
下雨	дождь.	raining.
下雪	снег.	snowing.
下冰雹	град.	hailing.
• 今天零上 20 度。	Сегóдня плюс двáдцать.	It's 20 degrees today.
• 今天零下 10 度。	Сегóдня ми́нус дéсять.	It's minus 10 today.

■ 喜欢与不喜欢

你可能想说……

• 我喜欢啤酒 / 足球 / 花。	Я люблю́ пи́во/ футбóл/ цветы́.	I like beer/football/ flowers.
• 我不喜欢伏特加 / 西红柿。	Я не люблю́ вóдку/помидóры.	I don't like vodka/ tomatoes.
• 我喜欢他 / 她。	Он/онá мне нрáвится.	I like him/her.
• 我不喜欢他 / 她。	Он/онá мне не нрáвится.	I don't like him/ her.
• 我不喜欢…	Я ненави́жу...	I hate...
游泳。	плáвать.	swimming
• 您喜欢…吗？	Вы лю́бите...	Do you like...
散步	гуля́ть?	walking?

冰淇淋	моро́женое?	ice cream?

感受与看法

你可能想说……

• 一切正常吗？	Всё в поря́дке?	Are you all right?
• 您满意吗？	Вы дово́льны?	Are you happy?
• 您伤心吗？	Вы расстро́ены?	Are you sad?
• 您冷吗？ / 您被冻僵了吗？	Вам хо́лодно?/Вы замёрзли?	Are you cold?
• 您热吗？	Вам жа́рко?	Are you hot?
• 我（很）累。	Я (о́чень) уста́л/уста́ла.	I'm (very) tired. *(m/f)*
• 我很无聊。	Мне ску́чно.	I'm bored.
• 我心情很好 / 不好。	У меня́ хоро́шее/плохо́е настрое́ние.	I'm in good/bad mood.
• 关于…您是如何认为的？	Что Вы ду́маете о...?	What do you think of...?
• 我想 / 我们想，这…。	Я ду́маю/мы ду́маем, что э́то...	I/We think it's...
棒极了	здо́рово/великоле́пно.	great.
很可笑	смешно́.	funny.
• 您喜欢吗？	Вам понра́вилось?	Did you like it?
• （这）…。	(Это) бы́ло...	It was...
很美丽	прекра́сно.	beautiful.
令人震撼	потряса́юще.	fantastic.

很可怕	ужáсно.	awful.
• 您不喜欢?	Вам не нрáвится?	Don't you like it?
• 哪部…您最喜欢?	Какóй ваш люби́мый...	What's your favourite...
电影	фильм?	film?
• 我喜欢的…是…	Мой люби́мый...	My favourite... is...
• 俄罗斯人是如何看待…的?	Что рýсские дýмают о...	How do Russian people feel about...
政府	прави́тельстве?	the government?
中国人	китáйцах?	the Chinese?
英国人	британцах?	the British?
毒品	наркóтиках?	drugs?

■ 安排

你可能想说……

• 您今晚做什么?	Что Вы дéлаете сегóдня вéчером?	What are you doing tonight?
• 您不想…吗?	Вы не хотéли бы...	Would you like...
和我们一起去	пойти́ с нáми?	to come with us?
去餐馆	пойти́ в ресторáн?	to go and eat?
去剧院	в теáтр?	to the theatre?
去听音乐会	на концéрт?	to the concert?
• 是的。	Да.	Yes, please.
• 不去了，谢谢。	Нет, спаси́бо.	No, thank you.

• 很高兴一起去。	С удовóльствием.	I'd love to.
• 几点钟我们见面？	Во скóлько встрéтимся?	What time shall we meet?
• 我们在哪里见面？	Где мы встрéтимся?	Where shall we meet?
• 再见。	До встрéчи.	See you later.
• 对不起，我 / 我们有其他的计划。	Извинúте, но у меня́/нас другúе плáны.	Sorry, I/we already have plans.
• 请走开！	Уходúте!	Please go away.
• 请离我 / 我们远点！	Остáвьте меня́/нас в покóе!	Leave me/us alone!
• 您 / 你的电话号是多少？	Какóй у Вас/ тебя́ нóмер телефóна?	What's your telephone number?
• 您 / 你的邮箱是多少？	Какóй у Вас/тебя́ e-mail?	What's your email address?
• 我的邮箱地址是…@….com	Мой áдрес ... собáчка ... тóчка com.	My email address is ... at... dot com.

■ 日常实用的表达

你可能想说……

• 祝贺你！	Поздравля́ю!	Congratulations!
• 生日快乐！	С днём рождéния!	Happy Birthday!
• 圣诞快乐！	С Рождествóм!	Happy Christmas!
• 新年快乐！	С Нóвым гóдом!	Happy New Year!
• 祝你好运！	Удáчи!	Good luck!

• 这太棒了！	Великоле́пно!	That's fantastic!
• 太恐怖了！	Ужа́сно!	That's terrible!
• 真遗憾！	Как жаль!	What a pity!
• 祝你健康！	Бу́дьте здоро́вы!	Bless you! *(after sneezing)*
• 一路顺风！	Счастли́вого пути́!	Have a good journey!
• 祝你有个好胃口！	Прия́тного аппети́та!	Enjoy your meal!
• 谢谢，您也是。	Спаси́бо, Вам то́же.	Thank you, the same to you.
• 为健康干杯！	За здоро́вье!	Cheers!

旅行与交通

■ 到达俄罗斯

到达俄罗斯后，你需要填写入境卡和报关单。在入境后你需要随身携带护照、签证和入境卡。

你可能看到……

Выдача багажа	领取行李	baggage reclaim
Выход	出口	exit
Выхода нет/ Нет выхода	没有出口	no exit
Паспортный контроль	护照检查	passport control
Таможня	海关	customs
Таможенная декларация	报关单	customs declaration

你可能想说……

• 我是游客。	Я тури́ст./ Я тури́стка.	I am here on holiday.
• 我是商人。	Я бизнесме́н./ Я бизнесме́нка.	I am here on business.
• 这是我本人使用的。	Э́то для моего́ ли́чного по́льзования.	It's for my own personal use.

你可能听到……

• Ваш па́спорт, пожа́луйста.	请出示您的护照！	Your passport, please.
• Ва́ши докуме́нты, пожа́луйста.	请出示您的文件！	Your documents, please.

• Где Ва́ша деклара́ция?	您的报关单在哪里？	Where is your customs declaration?
• Какова́ цель ва́шего визи́та?	您的访问目的是什么？	What is the purpose of your visit?
• Откро́йте...	请打开…。	Please open...
су́мку/ чемода́н.	这个包 / 皮箱	this bag/ suitcase.
• Пройдёмте со мной/с на́ми.	请和我 / 我们一起走吧！	Come along with me/us please.

■ 问路

你可能看到……

Больница	医院	hospital
Картинная галерея	画廊	art gallery
Крепость	堡垒，要塞	castle/fortress
Метро	地铁	underground
Музей	博物馆	museum
Остановка	站点	stop
автобуса	公共汽车站	bus
трамвая	有轨电车站	tram
Площадь	广场	square
Проспект	道路，大街	avenue
Рынок	市场	market place
Синагога	犹太教堂	synagogue
Собор	教堂	cathedral
Стадион	体育场	stadium
Станция	（地铁等的）站	station

Стоянки нет	没有停车场	no parking
Улица	大街	street
Церковь	教堂	church

你可能想说……

• 对不起。	Извини́те, пожа́луйста.	Excuse me, please.
• …在哪？	Где…	Where is…
信息中心	спра́вочная?	the information centre?
• …在哪里？	Где туале́т?	Where are…
洗手间		the toilets?
• 到…（步行）如何走？	Как дойти́ до …?	How do we get to… (on foot)?
• 到…（乘车）如何走？	Как дое́хать до…?	How do we get to… (by transport)?
• 我迷路了。	Я заблуди́лся./Я заблуди́лась.	I'm lost. *(m/f)*
• 这是通往…的路吗？	Э́то доро́га в…?	Is this the right way to… ?
• 请在地图上指示一下！	Покажи́те на ка́рте, пожа́луйста.	Can you show me on the map, please?
• 远吗？	Это далеко́?	Is it far?
• 这里有银行吗？	Здесь есть банк?	Is there a bank near here?
• …在哪里？	Где здесь…?	Where is…?

你可能听到……

• Мы здесь.	我们在这里。	We are here.
• В э́ту сто́рону.	往这个方向。	This way.

• Пря́мо.	直接走。	Straight on.
• Поверни́те...	请…转弯。	Turn...
напра́во	向右	right.
• Пе́рвый/ второ́й поворо́т...	第一 / 第二个转弯处…。	Take the first/ second turning...
нале́во.	向左转	on the left.
• Э́то...	这…	It's...
напро́тив...	在…对面	opposite...
за...	在…后面	behind...
ря́дом с...	和…挨着	next to...
• Э́то о́чень бли́зко / далеко́.	这很近 / 远。	It's very near/far away.
• Вам ну́жен авто́бус но́мер...	您需要坐…路公共汽车。	You have to take bus number...

■ 购票

你可能想说……

• 今天有去诺夫戈罗德的火车 / 汽车吗?	Сего́дня есть по́езд/авто́бус в Но́вгород?	Is there a train/ bus to Novgorod today?
• 开往雅罗斯拉夫尔的…什么时候开?	Когда... в Яросла́вль?	What time is the... to Yaroslavl?
下一趟火车	сле́дующий по́езд	next train
最后一趟火车	после́дний по́езд	last train
第一趟汽车	пе́рвый авто́бус	first bus

旅行与交通

• 什么时候抵达莫斯科？	Когда́ он прибыва́ет в Москву́?	What time does it arrive in Moscow?
• 需要换车吗？	На́до де́лать переса́дку?	Do I have to change?
• 开往…的火车从哪个站台发车？	С како́й платфо́рмы отправля́ется по́езд в... ?	Which platform for... ?
• 开往…（公共汽车）站在哪里？	Где остано́вка (авто́буса) в... ?	Which bus stop for... ?
• 在哪里可以买到票？	Где мо́жно купи́ть биле́т?	Where can I buy a ticket?
• 一张去…的票	Оди́н биле́т в...	One ticket to..., please.
• 两张去…的票。	Два биле́та в...	Two tickets to..., please.
• 单程票	в оди́н коне́ц	single
• 往返票	туда́ и обра́тно	return
• 两张成人票	два взро́слых	for two adults
• 两张儿童票	два де́тских	for two children
• 我想预订…。	Я хочу́ заре-зерви́ровать...	I want to reserve...
一个位子	ме́сто.	a seat.
一个舱位	каю́ту.	a cabin.
• 需要附加费吗？	На́до доплати́ть?	Is there a supple-ment?
• 对…有折扣吗？	Есть ски́дки...	Is there a discount for...
大学生	студе́нтам?	students?
退休人员	пенсионе́рам?	senior citizens?

你可能听到……

• По́езд отхо́дит/отправля́ется в 8.20.	火车 8 点 20 分出发。	The train leaves at 8.20am.
• Прибыва́ет в 15.40.	15 点 40 分抵达。	It arrives at 3.40pm.
• Вре́мя моско́вское.	莫斯科时间。	Moscow time.
• Вре́мя ме́стное.	当地时间。	Local time.
• Они́ хо́дят ка́ждые де́сять мину́т.	他们每十分钟发车一次。	They go every ten minutes.
• Вам на́до сде́лать переса́дку.	您应该换车。	You have to change.
• Платфо́рма/пирс но́мер четы́ре.	四号站台 / 码头。	It's platform/pier number four.
• Когда́ Вы хоти́те е́хать?	您想什么时候去？	When do you want to travel?
• В оди́н коне́ц и́ли туда́ и обра́тно?	单程还是往返？	Single or return?
• Купе́ и́ли плацка́рт?	包厢还是卧铺？	Four-berth compartment or open car?
• Ве́рхняя/ни́жняя по́лка?	上铺 / 下铺吗？	Upper / lower berth?
• На́до доплати́ть сто два́дцать рубле́й.	需要多加 120 卢布。	There's a supplement of 120 roubles.

■ 火车

买票时会要求你出示护照，你的姓名和护照号码会显示在票上。

俄罗斯有不同类型的火车，这要看你是在本地还是去远处旅游。

你可能看到……

Автоматические камеры хранения	行李储存柜	luggage lockers
Билетная касса	售票处	ticket office
Бюро находок	失物招领处	lost property
Вагон-ресторан	餐车	restaurant-car
Военная касса	军人票务处	ticket office for the military
Входа нет/Нет входа	请勿入内	no entry
Зал ожидания	候车室	waiting room
Закрыто	关	closed
Камера хранения	行李寄存	left luggage
Кипяток	热水	boiled water (for tea)
Купе для отдыха проводников	列车员休息车厢	compartment for carriage attendants
Милиция	警察局	police
Медпункт	医疗点	first aid
Место для курения	吸烟区	smoking area
Не курить	禁止吸烟	no smoking

Отменен	取消	cancelled
Отправление	出发	departure
Питьевая вода	饮用水	drinking water
Поезда дальнего следования	长途列车	long-distance trains
Платформа	站台	platform
Предварительная продажа билетов	预售车票	booking
Прибытие	抵达	arrivals
Скорый поезд	快速列车	fast train
Служебное купе	服务车厢	service compartment
Справочная	信息台	information

你可能想说……

• 请给我一张到叶卡捷林堡的车票。	Билéт до Екатеринбýрга, пожáлуйста.	I'd like a ticket to Yekaterinburg, please.
• 这趟列车到托姆斯克吗?	Э́тот пóезд идёт в Томск?	Does this train go to Tomsk?
• 对不起，这是…	Извини́те, э́то...	Excuse me, I've reserved...
我的座位。	моё мéсто.	that seat.
我的铺位。	моя́ пóлка.	a couchette.
• 这个座位有人吗?	Э́то мéсто зáнято?	Is this seat taken?
• 可以打开窗户吗?	Мóжно откры́ть окнó?	May I open the window?
• 我们在哪里?	Где мы?	Where are we?
• 火车停留多长时间?	Скóлько стои́т пóезд?	How long does the train stop here?

• 我们什么时候能到达喀山？	Когда́ мы прибу́дем в Каза́нь?	Can you tell me when we get to Kazan?
• 我们会迟到吗？（火车晚点了吗？）	Мы опа́здываем?	Is the train running late?
• 多长时间？	На ско́лько?	By how much?

■ 公共汽车和长途汽车

车票可以在售票亭 (кио́ск) 或者司机那里购买。可以替代公共汽车的是小公共汽车 (маршру́тка) 。它们通常与公共汽车的车号和线路是一样的，招手即停，而且一般总有座位。但是要付司机车费，公共汽车票无效。你告诉司机在哪里下车，司机就能把车停在那里。

你可能看到……

Автобус	公共汽车	coach
Автовокзал	公共汽车站	bus station
Вход через переднюю дверь	从前门上车	enter by the front door
Выход через заднюю дверь	从后门下车	exit by the back door
За безбилетный проезд штраф 100 рублей	无票乘车罚款 100 卢布	100 rouble penalty for travel without a valid ticket
Междугородний автобус	长途巴士	long-distance coach
Места для пассажиров с детьми и инвалидов	带小孩乘客和残疾人座席	seats for disabled persons and passengers with children

你可能想说……

• 公共汽车从哪里开往市中心?	Откýда идёт автóбус в центр?	Where does the bus to the town centre leave from?
• 开往机场的公共汽车从这里出发吗?	Автóбус в аэропóрт (идёт) отсюда?	Does the bus to the airport leave from here?
• 几路公共汽车?	Какой нóмер?	What number is it?
• 公共汽车开往…	Автóбус идёт...	Does this bus go to...
火车站吗?	до вокзáла?	the train station?
• 去博物馆是哪一站?	В музéй какáя останóвка?	Which stop is it for the museum?
• 您能告诉我 / 我们在哪里下车吗?	Мóжете сказáть мне/нам, где выходи́ть?	Can you tell me/ us where to get off, please?
• 在下一站。	На слéдующей останóвке.	The next stop, please.
• 请（在这里）停车。	(Здесь) останови́те, пожáлуйста.	Stop (here) please.

你可能听到……

• Пятьдеся́т седьмóй идёт до метрó.	57 路车到地铁站。	The number 57 goes to the underground station.
• Извини́те, я выхожý.	对不起，我下车。	Excuse me, I'm getting off here.
• Вам нáдо вы́йти на слéдующей (останóвке).	您应该在下一站下车。	You have to get off at the next stop.

• Вы проéхали останóвку.	您坐过站了。	You've missed the stop.

■ 地铁

地铁入口处标有一个红色的大M。地铁地图可以在报亭买到（不是在地铁售票处）。

你可能听到……

Касса	售票处	ticket office
Метро	地铁	underground
Переход на станцию...	换乘到…站	transfer (to another line)
Переход прекращается в 1 час ночи	凌晨一点停止换乘	transfer is closed at 1 am
Посадки нет	没有上车（不停）	no boarding
Справочная	信息台	information
Станция	地铁站	station

你可能想说……

• 请给我一张月票。	Проезднóй на мéсяц, пожáлуйста.	I'd like a monthly ticket, please.
• 单程	На однý поéздку	For a single journey
• 两个行程	На две поéздки	For two journeys
• 五个／十个／二十个行程	На пять/дéсять/двáдцать поéздок	For 5/10/20 journeys
• 一张票币（买票的凭据）	Оди́н жетóн	One token
• 两张／三张／四张票币	Два/три/четы́ре жетóна	Two/three/four tokens

• 您有地铁线路图吗？	У вас есть схéма метрó?	Do you have a map of the underground?
• 高尔基公园在这一站下车吗？	Парк Гóрького на э́той стáнции?	Is this the right stop for Gorky Park?
• 这趟列车到大学吗？	Э́тот пóезд идёт до университéта?	Does this train go to the university?
• （这附近的）地铁站在哪？	Где (здесь) (стáнция) метрó?	Where is there a metro station near here?
• 您需要换乘。	Вам нáдо перейти́.	You have to change.
• 下一站（公共汽车站）。	Слéдующая остáновка.	It's the next stop.
• 下一站（地铁站）…	Слéдующая стáнция...	The next station is.

■ 乘船

你可能看到……

Каюта	机舱	cabin
Круиз	游轮	cruise
Паром	渡轮	ferry
Пирс	码头	pier
Порт	港口	port
Причал	码头	quay
Речной вокзал	河站	river station
Спасательная лодка	救生艇	lifeboat
Спасательный жилет	救生衣	life jacket

你可能想说……

• 请给我一张去下诺夫戈罗德的往返票。	Билет в Ни́жний Но́вгород и обра́тно, пожа́луйста.	I'd like a return ticket to Novgorod, please.
• 今天有去往加里宁格勒的渡轮吗?	Сего́дня есть паро́м в Калинингра́д?	Is there a ferry to Kaliningrad today?
• 是否有水上旅行?	Есть во́дные прогу́лки?	Are there any boat trips?
• 水上旅行 / 旅行会持续多长时间?	Ско́лько дли́тся круи́з/прогу́лка?	How long is the cruise/boat trip?
• 可以上甲板吗?	Мо́жно вы́йти на па́лубу?	Is it possible to go out on deck?

■ 空中旅行

你可能看到……

Аэропорт	机场	airport
Вылет	离港	departures
Зал прибытия/прилета	抵达大厅	arrivals
Комната матери и ребёнка	母婴房	baby changing room
Обмен валюты/Обменный пункт	货币兑换 / 兑换点	bureau de change
Паспортный контроль	护照检查	passport control
Посадка	登机	boarding
Посадочный талон	登机卡	boarding card

Регистрация	注册	check-in
Транзит	过境	transit
Туалеты	洗手间	toilets
Ж	女厕	ladies
М	男厕	gents

你可能想说……

• …有飞往车里雅宾斯克的航班吗？	...есть рейс в Челя́бинск?	Is there a flight to Chelyabinsk...?
今天	Сего́дня	today
明天	За́втра	tomorrow
• 我想改签 / 取消我的机票。	Я хочу́ поменя́ть/ сдать биле́т.	I want to change/ cancel my ticket.
• 飞机晚点了吗？	Самолёт задéрживается?	Is there a delay?
• 哪个口登机？	Како́й вы́ход на поса́дку?	Which gate is it?
• 我没有拿到行李。	Я не получи́л бага́ж.	My luggage hasn't arrived.
• 从这里有公共汽车开往市中心吗？	Отсю́да хо́дит авто́бус в центр?	Is there a bus to the centre of the town from here?

你可能听到……

Вы́ход на поса́дку	登机口	gate
Задéрживается	延误	delay
Зака́нчивается регистра́ция	上机登记结束	last call

Отменя́ется	取消	cancelled
Рейс	航班	flight

■ 出租车

你可能想说……

• 我…需要出租汽车。	Мне ну́жно такси́...	I need a taxi...
马上	неме́дленно.	immediately.
明天早晨九点	за́втра в де́вять утра́.	for tomorrow at 9 am.
• 出租汽车站在哪里?	Где стоя́нка такси́?	Is there a taxi rank round here?
• 这是地址。	Вот а́дрес.	To this address, please.
• 多少钱?	Ско́лько бу́дет сто́ить?	How much will it cost?
• 我着急。	Я спешу́.	I'm in a hurry.
• 请在这里停车。	Останови́те здесь, пожа́луйста.	Stop here, please.
• 您能稍等一会吗?	Вы мо́жете подожда́ть?	Can you wait for me, please?
• 不用找零了。	Сда́чи не на́до.	Keep the change.

你可能听到……

• Э́то де́сять киломе́тров.	这是十公里。	It's ten kilometres away.
• (Э́то бу́дет сто́ить) восемьсо́т рубле́й.	共 800 卢布。	It'll cost 800 roubles.

■ 租赁小汽车和自行车

你可能想说……

• 我想租…	Я хочу́ взять напрока́т...	I'd like to hire...
两辆自行车	два велосипе́да.	two bicycles.
一辆小汽车	ма́ленькую маши́ну.	a small car.
• 租…。	На...	For...
一天	оди́н день.	one day.
一周	неде́лю.	a week.
• 至周五。	До пя́тницы.	Until Friday.
•…多少钱?	Ско́лько сто́ит...	How much is it...
一天	оди́н день?	per day?
一周	одна́ неде́ля?	per week?
• 这包括里程吗?	Э́то включа́ет пробе́г?	Is kilometrage/ mileage included?
• 我丈夫 / 同事也将开车。	Мой муж/ колле́га то́же бу́дет води́ть.	My husband/ colleague wants to drive too.
• 我能把车停在…吗?	Я могу́ оста́вить маши́ну...	Can I leave the car...
机场	в аэропорту́?	at the airport?
市中心	в це́нтре го́рода?	in the town centre?

你可能听到……

• Како́й велосипе́д/ каку́ю маши́ну вы хоти́те?	您想要哪辆自行车 / 汽车?	What kind of car/ bicycle do you want?

• На ско́лько?	多长时间？	For how long?
• Ва́ши права́ пожа́луйста.	请出示您的驾照。	Your driving licence, please.
• Пробе́г не ограни́чен.	里程不受限制。	There's unlimited kilometrage.
• Вам нужна́ дополни́тельная страхо́вка?	您需要额外的保险吗？	Do you want extra insurance?
• Верни́те маши́ну с по́лным ба́ком.	请给汽车加满油后归还。	Please return the car with a full tank.
• Верни́те маши́ну/велосипе́д до шести́ часо́в.	请在六点之前归还汽车 / 自行车。	Please return the car/bicycle before six o'clock.

■ 驾驶

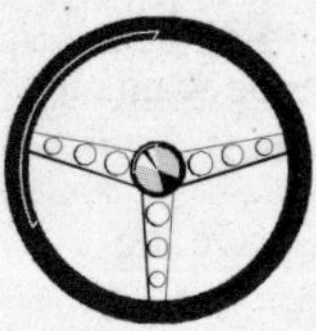

靠右驾驶。司机和前排的乘客必须系安全带。

在加油站，你会看到 86, 92, 95，有时还有 98 号燃油，号大的是无铅汽油。

柴油泵用俄文字母 Д 或者 солярка 标示。付完款后才能加油。大部分加油站不接受信用卡。

你可能看到……

Автозаправка (АЗС)	加油站	petrol station
Автосервис	汽车服务	car service
Дорога закрыта	道路封闭	road closed
ДПС	道路巡逻勤务	road police

Нет обгона/Обгон запрещён	禁止超车	no overtaking
Объезд	改道	diversion
Одностороннее движение	单向道	one-way traffic
Опасно	危险	danger
Стоп	停车	stop
Стоянка	停车场	car park
Стоянки нет	没有停车场	no parking
Съезд	出口	exit

你可能想说……

• （这里）加油站在哪？	Где (здесь) запрáвка?	Where is the nearest petrol station?
• 请给我加 300 卢布 95 号汽油。	На трúста рублéй девянóсто пя́того, пожáлуйста.	300 roubles worth of 95 octane petrol, please.
• 二十升 92 号汽油。	Двáдцать лúтров девянóсто вторóго.	20 litres of 92 octane petrol.
• 请把油箱加满。	Пóлный бак, пожáлуйста.	A full tank, please.
• 半公升油。	Поллúтра мáсла.	A half-litre of oil.
• 水 / 气门在哪？	Где водá/вóздух?	Where is the water/air, please?

你可能听到……

• Что Вы хотúте?	您想要加什么油？	What would you like?
• Скóлько?	要多少？	How much do you want?

• Ключи́, пожа́луйста	请拿钥匙！	The key, please.

■ 机械故障

你可能想说……

• 车坏了。	Слома́лась маши́на.	My car has broken down.
• 我的车胎扎了。	У меня́ проко́л.	I have a puncture.
• 我不知道什么问题。	(Я) не зна́ю, в чём пробле́ма.	I don't know what's wrong.
• 我想，是…	Ду́маю, что...	I think the...
离合器坏了。	сцепле́ние не рабо́тает.	clutch doesn't work.
• 这严重吗？	Это серьёзно?	Is it serious?
• 您今天能修好吗？	Вы мо́жете сде́лать сего́дня?	Can you repair it today?
• 什么时候能弄好？	Когда́ бу́дет гото́во?	When will it be ready?
• 多少钱？	Ско́лько бу́дет сто́ить?	How much will it cost?

你可能听到……

• Что случи́лось?/ В чём пробле́ма?	怎么了 / 问题何在？	What's wrong with it?
• У меня́ нет запчасте́й.	我没有配件。	I don't have the necessary parts.
• Приходи́те во вто́рник.	星期二来吧。	Come back next Tuesday.

• Бу́дет гото́во...	…能修好。	It'll be ready...
че́рез час.	一小时后	in an hour.
в понеде́ль-ник.	星期一。	on Monday.

汽车部件

你可能想说……

车窗	окно́	window
车罩	капо́т	bonnet
齿轮箱	коро́бка переда́ч	gear box
挡风玻璃	лобово́е стекло́	windscreen
倒车灯	фона́рь за́днего хо́да	reversing light
点火	зажига́ние	ignition
点火分配器	распредели́тель зажига́ния	distributor
方向盘	руль	steering wheel
风扇皮带	реме́нь вентиля́тора	fanbelt
后轮	за́днее колесо́	back tyre
化油器	карбюра́тор	carburettor
火花塞	све́чи	spark plugs
加速器	акселера́тор	accelerator
马达	мото́р	engine
排气管	выхлопна́я труба́	exhaust pipe
起动机电机	ста́ртер	starter motor
前轮	пере́днее колесо́	front tyre
燃油计	бензиноме́р	fuel gauge
散热器	радиа́тор	radiator

刹车	тормозá	brakes
头灯	фáры	headlights
行李箱	багáжник	boot
蓄电池	аккумуля́тор	battery
雨刮器	двóрник(и)	wiper(s)
转向指示灯	указáтель поворóта	indicator

■ 自行车部件

你可能想说……

车把	руль	handlebars
车架	рáма	frame
车链	цепь	chain
车轮	колесó	wheel
车座	седлó	saddle
齿轮	передáча/ передáчи	gear(s)
打气筒	насóс	pump
辐条，车条	спи́ца	spoke
后灯	зáдний свет	back light
轮胎	ши́на	tyre
内胎	кáмера ши́ны	inner tube
前灯	перéдний свет	front light

住宿

■ 住宿

英语的 ground floor 相当于俄语的一层 первый этаж, 英语的一层 first floor 相当于俄语的二层 второй этаж。

你可能看到……

Буфет	小吃部；酒吧	bar
Вестибюль/фойе/холл	前厅，大厅；休息室	lounge
Гараж	车库	garage
Гостиница	宾馆	hotel
Душ	淋浴	showers
Лифт	电梯	lift
Молодёжное общежитие	青年旅馆	youth hostel
Обслуживание номеров	送餐服务	room service
Питьевая вода	饮用水	drinking water
Прачечная	洗衣房	laundry
Регистрация	总服务台	reception
Ресторан	餐厅	restaurant
Стоянка/парковка	停车场	parking
Тариф	税率	charge, tariff
Турбаза	旅游营地	tourist camp

■ 预订

你可能想说……

- 您这有…吗？ У Вас есть... Do you have...

单人间	одноме́стный но́мер?	a single room?
双人间	двухме́стный но́мер?	a double room?
家庭间	семе́йный но́мер?	a family room?
两张单人床的房间	но́мер с разде́льными крова́тями?	a twin-bedded room?
搭帐篷的地方	ме́сто для пала́тки?	space for a tent?
• 我想租…。	Я хочу сня́ть...	I'd like to rent...
一个套间	кварти́ру.	an apartment.
• （住）…	на...	For...
一晚 / 一天	одну́ ночь/одни́ су́тки	one night
两天	дво́е су́ток	two nights
一周	неде́лю	a week
• 从…到…	с... по...	from... to...
• 只今天一天	на сего́дня	for tonight only
• 带浴室的 / 带淋浴的	с ва́нной/ду́шем	with bath/shower
• 我们这有双人帐篷。	У нас двухме́стная пала́тка.	We have a two-person tent.
•…多少钱？	Ско́лько сто́ит...	How much is it...
一天	в су́тки?	per night?
一周	в неде́лю?	per week?
• 含早餐吗？	С за́втраком?	Is breakfast included?

• 你们这儿对儿童有折扣吗？	У Вас есть ски́дки для дете́й?	Is there a reduction for children?
• 坐轮椅可以通过吗？	Мо́жно прое́хать на инвали́дной коля́ске?	Is there wheelchair access?
• 有什么比较便宜的东西吗？	Есть что́-нибудь подеше́вле?	Do you have anything cheaper?
• 你们这可以上网吗？	У Вас есть (интерне́т) са́йт?	Do you have a website?
• 您的电子邮件地址是什么？	Како́й у Вас e-mail?	What's your email address?

你可能听到……

• Я Вас слу́шаю.	喂（打电话用语）。	Can I help you?
• Когда́ Вы прибу́дете?	您什么时候到达？	When do you want to come?
• На ско́лько су́ток?	住几天？	For how many nights?
• Ско́лько челове́к?	多少人？	For how many people?
• Кака́я/како́го разме́ра у Вас па́латка?	您的帐篷有多大？	What size is your tent?
• Как Ва́ша фами́лия?	您贵姓？	What's your name, please?
• ... рубле́й в сутки, с за́втраком.	一天…卢布，含早餐。	It's ... roubles per night, including breakfast.
• Извини́те, (свобо́дных) мест нет.	对不起，现在没有空房。	I'm sorry, we're full.

■ 入住

你可能想说……

• 我订了…的房间。	Я закáзывал/-а нóмер на...	I *(m/f)* have a reservation for...
今天	сегóдня.	tonight.
• 我是以…的名字订的房间。	На и́мя...	It's in the name of...
• 您是否接受信用卡付款?	Вы принимáете креди́тные кáрты?	Do you accept credit cards?

登记卡信息

Имя	名字	first name
Фамилия	姓	surname
Домашний адрес	家庭地址	home address
Город/Улица/Номер дома	城市 / 街道 / 住宅号	city/street/number
Индекс	邮政编码	postcode
Национальность	民族（国籍）	nationality
Дата рождения	出生日期	date of birth
Номер паспорта	护照号	passport number
Дата	日期	date
Подпись	签字	signature

■ 各类旅馆

你可能想说……

• 哪里可以停车?	Где мóжно постáвить маши́ну?	Where can I park?
• 您这里有…吗?	У Вас есть...	Do you have...

风景房	но́мер с ви́дом из окна́?	a room with a view?
大一点的房间	но́мер побо́льше?	a bigger room?
• 几点钟…?	Во ско́лько...	What time...
吃早餐	за́втрак?	is breakfast?
• …在哪里?	Где...	Where is...
酒吧	буфет?	the bar?
餐厅	рестора́н?	the restaurant?
• 这里可以…吗?	Здесь есть...?	Is there... here?
上网	интерне́т	an Internet connection

你可能听到……

• Извини́те, но свобо́дных номеро́в нет.	对不起，没有空房。	I'm afraid we don't have any rooms available tonight.
• Мы смо́жем пересели́ть Вас за́втра.	我们能在明天给您换房。	We might be able to change your room tomorrow.
• Входна́я дверь закрыва́ется в...	正门…点关闭。	We lock the front door at...
• Обслу́жива-ние номеро́в с... до...	客房服务从…点到…点。	There's room service from... to...

露营

你可能想说……

• 我们可以把帐篷搭在这里吗?	Мы мо́жем поста́вить здесь пала́тку?	Can we camp here?

• 这是双人帐篷。	Э́то двухме́стная пала́тка.	It's a two-person tent.
•…在哪里？	Где...	Where are...
洗手间	туале́ты?	the toilets?
• 淋浴单独收费吗？	За душ плати́ть отде́льно?	Do we pay extra for the showers?
• 这是饮用水吗？	Это питьева́я вода́?	Is this drinking water?

你可能听到……

• Ке́мпинг...	旅游者宿营地…	The campsite is...
в пяти́ киломе́трах.	在五公里处。	five kilometers away.
• Здесь нельзя́ ста́вить пала́тку.	这里不允许搭帐篷。	You can't camp here.
• Розе́тка там.	电源在那里。	The electric point is over there.

请求和询问

你可能想说……

• 我们应该打电话。	Мы должны́... позвони́ть	I'm expecting... a phone call.
• 我可以…吗？	Я могу́...	Can I...
把这个放到保险柜	положи́ть э́то в сейф?	leave this in the safe?
把这些计入我的账单	Запиши́те э́то на мой счёт?	put it on my room bill?
• 您可以给我订出租车吗？	Вы мо́жете... заказа́ть мне такси́?	Can you... order me a taxi?

住宿

• 您这有…吗？	У Вас есть...	Do you have...
另外一个枕头	ещё однá подýшка?	another pillow?
适配器	адáптер?	an adaptor?
• 我把钥匙丢了。	Я потеря́л/потеря́ла ключ.	I've lost my key. *(m/f)*

你可能听到……

• Вам сообщéние/факс.	有您一个邮件 / 传真。	There's a message/fax for you.
• Вас разбуди́ть?	您需要唤醒服务吗？	Do you want a wake-up call?
• В какóе врéмя?	在什么时间？	(For) what time?

■ 问题与抱怨

你可能想说……

• 对不起。	Извини́те.	Excuse me.
• 房间太…。	В нóмере сли́шком...	The room is too...
热	жáрко.	hot.
冷	хóлодно.	cold.
吵	шýмно.	noisy.
• 房间太小。	Нóмер сли́шком мáленький.	The room is too small.
• 没有…。	Нет...	There isn't any...
热水	горя́чей воды́.	hot water.
电	электри́чества.	power.

• 没有…。	Нет...	There aren't any...
毛巾	полотéнец.	towels.
• 床不舒服。	Кровáть неудóбная.	The bed is uncomfortable.
• 浴室 / 厕所很脏。	В вáнной/туалéте грязно.	The bathroom/ toilet is dirty.
• 厕所里的冲水不好使。	В туалéте не рабóтает смыв.	The toilet doesn't flush.
• 钥匙不合适。	Ключ не подхóдит.	The key doesn't work.
• 淋浴 / 遥控器不好使。	Душ/пульт не рабóтает.	The shower/remote control is not working.
• 有煤气味。	Пáхнет гáзом.	There's a smell of gas.
• 请把经理叫来!	Позовите мéнеджера!	I want to see the manager!

你可能听到……

• Однý минýту, пожáлуйста.	请稍等片刻!	Just a moment, please.
• Зáвтра почи́ним/ испрáвим.	明天我们会打扫 / 修复。	We'll fix it for you tomorrow.
• Извини́те, ничéм не могý помóчь.	对不起，我帮不上您的忙。	I'm sorry, there's nothing I can do.

■ 退房

你可能想说……

• 请结账。	Счёт, пожáлуйста.	The bill, please.

• 需要几点钟退房?	Во ско́лько на́до освободи́ть но́мер?	What time is check-out?
• 我可以把自己的行李留在这里吗?	Я могу́ оста́вить здесь свой бага́ж?	Can I leave my luggage here?
• 账单上有误。	В счёте оши́бка.	There's a mistake in the bill.
• 我 / 我们 (很) 喜欢这里。	Мне/Нам здесь (о́чень) понра́вилось.	I/We've had a (very) good time here.

你可能听到……

• Ско́лько у Вас веще́й/мест?	您有多少东西 / 几件行李?	How many bags?
• Оста́вьте здесь.	请放在这里吧。	Leave them here.
• Дава́йте прове́рю.	让我检查一下。	Let me check it.
• Приезжа́йте ещё.	欢迎再次光临!	Come again!

■ 自助旅馆

你可能想说……

• 我姓…:	Моя́ фами́лия...	My surname is...
• 请把钥匙给我。	Да́йте, пожа́луйста, ключ.	Can you give me the key, please?
• 保险丝盒在哪里?	Где про́бки?	Where is the fusebox?
• 煤气灶用起来如何?	Как рабо́тает плита́?	How does the cooker work?

• 如何打开热水？	Как включа́ть горя́чую во́ду?	How does the hot water work?
• 这里还有其他的煤气罐吗？	Здесь есть друго́й га́зовый балло́н?	Is there another gas bottle?
• 这里的商店在哪里？	Где здесь магази́н?	Are there any shops round here?
• 垃圾应该扔到哪？	Куда́ выбра́сывать му́сор?	Where do I/we put the rubbish?
• 清洁工什么时候来？	Когда́ прихо́дит убо́рщица?	When do they come to clean?
• 我需要…。	Мне ну́жен...	I need...
管道工	санте́хник.	a plumber.
电工	эле́ктрик.	an electrician.
• 怎么和您联系？	Как с Ва́ми связа́ться?	How can I contact you?
• 当我们离开的时候把钥匙放到哪儿？	Куда́ деть ключ, когда́ бу́дем уезжа́ть?	What shall we do with the key when we leave?

你可能听到……

• Нажми́те кно́пку/ поверни́те выключа́тель.	请按按钮 / 打开开关。	Press this button/ turn on the switch.
• На себя́/от себя́.	拉 / 推。	Pull/push.
• Запасны́е одея́ла/ поду́шки в шкафу́.	备用被子 / 枕头在柜子里。	There are spare blankets/pillows in the cupboard.

• Му́сор выбра́сывать...	把垃圾扔到…。	Put the rubbish...
в му́сорный бак на у́лице.	外面的垃圾箱里	in the rubbish-container outside.
• Убо́рщица придёт в...	清洁工…点来。	The cleaner comes on...
• Но́мер моего́ моби́льника/ Мой моби́льный но́мер...	我的手机号码是…	My mobile number is...

饮食

■ 食品和饮料

俄罗斯传统早餐 (за́втрак) 很丰盛，有粥、鸡蛋、香肠等；午餐 (обе́д) 通常是以热饭为主，晚餐 (у́жин) 也是如此。

你可能看到……

Бар	酒吧	bar
Блинная	饼铺	pancake house
Буфет	小吃部	buffet
Гардероб	存衣处	cloakroom
Закусочная	小吃店	snack bar
Кафе	咖啡店	café
Кафе-мороже-ное	冰淇淋店	ice-cream parlour
Кондитерская	糖果点心店	confectioner's
Кофейня	咖啡店	coffee bar
Куры-гриль	烤鸡外卖	roast chicken takeaway
Кухня	厨房	kitchen
Меню	菜单	menu
На вынос	外卖	takeaway
Пельменная	饺子馆	dumpling house
Пиццерия	比萨饼店	pizzeria
Ресторан	餐厅	restaurant
Столовая	食堂	canteen
Туалеты	洗手间	toilets

订餐

你可能想说……

• 我想订…的一桌餐。	Я бы хоте́л/хоте́ла заказа́ть сто́лик на...	I'd like to reserve a table for...
两个人	двои́х.	two people.
明天八点半	за́втра в полови́не девя́того.	tomorrow evening at half past eight.
今晚九点钟	сего́дня в де́вять ве́чера.	this evening at nine o'clock.
• 以…的名字订餐。	На и́мя...	My name is...
• 能否…?	Нельзя́ ли...	Could you get us a table...
早一些	пора́ньше?	earlier?
晚一些	попо́зже?	later?

你可能听到……

• На како́е вре́мя?	什么时间?	What time would you like the table for?
• На ско́лько челове́к?	多少人?	For how many people?
• Извини́те, но свобо́дных мест нет.	对不起，没有空位子。	I'm sorry we're fully booked.

在餐馆

你可能想说……

• 我 / 我们订了一桌餐。	У меня/нас зака́зан сто́лик.	I/we've booked a table.

• 我们没有预订。	Мы не зака́зывали.	We haven't booked.
• 您这有四人的位子吗?	У Вас есть сто́лик на четверы́х?	Have you got a table for four, please?
• 您这儿有儿童座椅吗?	У Вас есть де́тский сту́льчик?	Have you got a high chair?
• 需要等很长时间吗?	До́лго на́до бу́дет ждать?	How long's the wait?
• 您这儿可以使用信用卡吗?	Вы принима́ете креди́тные ка́рты?	Do you take credit cards?

你可能听到……

• Вы заказыва́ли (сто́лик)?	您订餐了吗?	Have you got a reservation?
• Где жела́ете сиде́ть?	您想坐在哪里?	Where would you like to sit?
• Сто́лик для ку́рящих и́ли некуря́щих?	您需要可以吸烟还是不可以吸烟的餐位?	Smoking or nonsmoking?
• Бу́дете ждать?	您能稍等吗?	Would you like to wait?

点餐

你可能想说……

• 姑娘!	Де́вушка!	addressing your waiter *(to f)*
小伙子!	Молодо́й челове́к!	*(to m)*

• 您这有英语菜单吗?	У Вас есть меню на англи́йском (языке)?	Do you have the menu in English?
• 您这有…吗?	У Вас есть...	Do you have...
儿童食谱	де́тское меню́?	a children's menu?
素餐	вегетариа́нские блю́да?	vegetarian food?
• 我们想现在点餐。	Мы хоти́м заказа́ть.	We're ready to order.
• 我要…	Я бу́ду...	I'd like...
• 这里有什么配菜吗?	Что на гарни́р здесь?	What does this dish come with?
• 这是什么?	Что э́то (тако́е)?	What's this please?
• 对不起，我改变主意了。	Извини́те, я переду́мал/-а.	Excuse me, I've changed my mind. *(m/f)*

你可能听到……

• Что бу́дете пить?	您喝什么?	What would you like to drink?
• Вы гото́вы заказа́ть?/ Вы уже́ вы́брали?	您准备点餐吗? / 您选好了吗?	Are you ready to order?
• К сожале́нию, э́то зако́нчилось.	对不起，这已经卖光了。	I'm sorry, that's finished.
• Что-нибудь ещё?	还需要什么?	Anything else?
• Бу́дете...	您需要…吗?	Would you like...
ко́фе?	咖啡	coffee?
десе́рт?	甜品	dessert?

点酒水饮料

你可能想说……

• 请把酒单给我。	Ви́нную ка́рту, пожа́луйста.	Can we see the wine list, please?
• 请给我一瓶这种葡萄酒。	Буты́лку э́того вина́, пожа́луйста.	A bottle of this wine, please.
• 半升这种葡萄酒。	Поллитра э́того (вина́).	Half a litre of this please.
• 一杯…	Бока́л...	A glass of the... please.
红葡萄酒	кра́сного (вина́)	red wine
白葡萄酒	бе́лого (вина́)	white wine
• 您这有什么啤酒?	Како́е у вас пи́во?	What beers do you have?
• 您要瓶装的还是散装的?	В буты́лках и́ли разливно́е?	Is that a bottle or draught?
• 请给我滋补的杜松子酒。	Мне, пожа́луйста джин с то́ником.	For me please a gin and tonic.
• 您这有甜酒吗?	У Вас есть ликёры?	Do you have any liqueurs?
• 请给我一瓶矿泉水。	Буты́лку минера́льной воды́, пожа́луйста.	A bottle of mineral water, please.
• 您这有什么果汁?	Како́й у вас сок?	What juices do you have?

你可能听到……

• Лёд, лимо́н?	要加冰、加柠檬吗?	Ice and lemon?

• Во́ду жела́ете?	要水吗？	Would you like water as well?
• С га́зом или без?	要碳酸饮料还是非碳酸饮料？	Sparkling or still water?
• Большу́ю/ ма́ленькую буты́лку?	要大瓶 / 小瓶？	A large or small bottle?

■ 酒吧和咖啡馆

你可能想说……

• 请给我…。	(Мне), пожа́луйста...	I'll have..., please
咖啡	ко́фе.	a coffee
加牛奶的咖啡	ко́фе с молоко́м.	a white coffee
清咖啡	чёрный ко́фе.	a black coffee
一杯茶	чай.	a cup of tea
果茶	фрукто́вый чай.	a fruit tea
• 加牛奶 加柠檬	с молоко́м с лимо́ном	with milk with lemon
• 一杯…	Стака́н ...	A glass of...
水	воды́	water
苹果汁	я́блочного со́ка	apple juice
一杯葡萄酒	Бока́л вина́	wine
• 一杯伏特加。	Рю́мку во́дки.	A shot of vodka.
• 不加冰。	Льда не на́до.	No ice, thanks.
• 可以再来一点吗？	Мо́жно ещё, пожа́луйста.	Same again please.
• 多少钱？	Ско́лько э́то сто́ит?	How much is that?

你可能听到……

• Что желáете?	您要什么？	What would you like?
• Марéнький/ большóй?	小的 / 大的？	Small or large?
• Вам считáть вмéсте и́ли отдéльно?	你们一起结账还是分开结账？	Are you paying together or separately?

■ 特殊要求

你可能想说……

• 我有糖尿病。	У меня́ диабéт.	I'm diabetic.
• 我对…过敏。	У меня́ аллерги́я на...	I'm allergic to...
核桃	орéхи.	nuts.
海鲜	морепроду́кты.	seafood.
• 我是素食主义者 / 我不吃肉。	Я вегетариáнец/ Я не ем мя́са.	I'm vegetarian.
• 我既不吃肉，也不吃鱼。	Я не ем ни мя́со, ни ры́бу.	I don't eat meat or fish.
• 我不吃…。	Я не ем...	I can't eat...
奶制品	молóчные проду́кты.	dairy products.
含有小麦的食品	проду́кты, содержáщие пшени́цу.	wheat products.
• 你们这有什么不带…的吗？	У Вас есть чтó-нибудь без...	Do you have anything without...
肉	мя́са?	meat?

• 这同…一起做的吗？	Э́то...	Is that cooked with...
核桃	с оре́хами?	nuts?

你可能听到……

• Всё в порядке́?	一切正常吗？	Is everything all right?
• Я спрошу́ у по́вара.	我问问厨师。	I'll check with the kitchen.

问题与抱怨

你可能想说……

• 这…。	Э́то...	This is...
凉了	холо́дное.	cold.
烤糊了	подгоре́ло.	burnt.
• 这个我没有点。	Я э́то не зака́зывал/-а.	I didn't order this. *(m/f)*
• 什么时候把我们点好的菜上来？	Когда́ принесу́т наш зака́з?	Is our food coming soon?
• 请再来点…	Ещё, пожа́луйста, ...	Can I/we have more..., please?
水	воды́.	water

付账

你可能想说……

• 请结账。	Счёт, пожа́луйста.	The bill, please.
• 这儿弄错了。	Здесь оши́бка.	There's a mistake here.

• 菜都很可口，谢谢	Всё бы́ло о́чень вку́сно, спаси́бо.	That was fantastic, thank you.

你可能听到……

• Как Вас обслужи́ли?	服务质量如何？	How was everything?
• Извини́те, опла́та то́лько нали́чными.	对不起，只接受现金结账。	Sorry, we only accept cash.

■ 买食品

你可能想说……

• 请给我…。	(Мне), пожа́луйста, ...	I'd like... please.
一点这个 / 一点那个	немно́го вот э́того/того́.	some of those/that
一斤…	полкило́...	half a kilo (of...)
一块这个 / 那个	кусо́к э́того/ того́	a piece of that
• 这个多少钱？	Ско́лько э́то сто́ит?	How much is that?
• 这是什么？	Что э́то тако́е?	What's that, please?
• 稍多一点 / 少一点。	Чуть бо́льше/ ме́ньше.	A bit more/less, please.
• 够了，谢谢。	Доста́точно, спаси́бо.	That's enough, thank you.
• 你们这儿…在哪里？	Где у Вас...	Where's the...
水果和蔬菜区	фру́кты и о́вощи?	fruit and vegetable section?

• 可以给我一个袋子吗？	Мóжно пакéт?	Can I have a bag, please?

你可能听到……

• Что желáете?/ Что Вам?	您要什么 / 您需要什么？	What would you like?
• Скóлько?	要多少？	How much/many would you like?
• Чтó-нибудь ещё?	还要点什么吗？	Anything else?

餐饮词汇

一般词汇

Завтрак	早餐	breakfast
Обед	午餐	lunch
Ужин	晚餐	dinner
Закуски	凉菜	starters
Шведский стол	自助餐	buffet
Первые блюда	第一道菜	first course
Вторые блюда	第二道菜（主菜）	second (main) course
Гарнир	配菜	side dishes
Блюдо дня	每天的推荐菜	dish of the day
Комплексный обед	套餐	set menu
Традиционные блюда	传统菜	typical dishes
Мясные блюда	肉类菜	meat dishes
Рыбные блюда	鱼类菜	fish dishes

Десерт	甜品	dessert
Безалкаголь-ные напитки	软饮料	soft drinks
Горячие напит-ки	热饮料	hot drinks
Все цены с учётом НДС	所有售价都含税	tax included
Мы (не) принимаем кредитные карты	我们（不）接受信用卡	we (don't) accept credit cards

饮料

бренди	白兰地	brandy
бутылка	瓶	bottle
вино	葡萄酒	wine
сухое	干葡萄酒	dry
домашнее	自酿酒	house wine
красное	红葡萄酒	red
сладкое	甜葡萄酒	sweet
белое	白葡萄酒	white
виски	威士忌	whisky
водка	伏特加	vodka
горячий шоко-лад /какао	热巧克力 / 可可	hot chocolate
графин	长颈玻璃瓶	jug, pitcher
коктейль	鸡尾酒	cocktail
кофе	咖啡	coffee
чёрный	清咖啡	black

без кофеина	不含咖啡因	decaffeinated
со льдом	加冰	iced
лёд, со льдом	冰，加冰	ice, with ice
лимонад	柠檬汁	lemonade
ма́рочное вино	名酒	vintage
минеральная вода (с газом/без газа)	矿泉水（有气体/无气体）	mineral water (fizzy/still)
молоко (горячее /холодное)	牛奶（热牛奶/冰牛奶）	milk (hot/cold)
Молочный коктейль	奶昔	milkshake
пиво	啤酒	beer
безалкагольное	无醇	alcohol-free
бутылочное	瓶装	bottled
светлое	亮色啤酒	light
тёмное	暗色啤酒	dark
разливное	生啤	draught
ром	朗姆酒	rum
сидр	苹果酒	cider
сок	果汁	juice
ананасовый	菠萝汁	pineapple
апельсиновый	橙汁	orange
грейпфрутовый	葡萄柚汁	grapefruit
томатный	番茄汁	tomato

яблочный	苹果汁	apple
тоник	滋补酒	tonic
херес	雪利酒	sherry
чай	茶	tea
зелёный	绿茶	green
чёрный	红茶	black
с молоком/ лимоном	加牛奶 / 加柠檬	with milk/lemon
мятный	薄荷茶	mint
ромашковый	甘菊茶	camomile
фруктовый	果茶	fruit
шампанское	香槟酒	champagne

烹调方法

варёный/ отварной	煮的 / 熬制的	boiled
жаренный	烧烤的	roasted, grilled
запечённый	烘烤的	baked
копчёный	熏制的	smoked
маринованные	醋渍的	marinated
мороженый	冰冻的	frozen
паровой	蒸的	steamed
свежий	新鲜的	fresh
соленый	腌泡的	pickled
тушеный	焖制的	stewed
фарширован-ный	填馅的	stuffed

食品		
абрикос	杏	apricot
авокадо	鳄梨	avocado
азу	茄汁肉，辣味牛肉	azu (diced meat, usually beef, with pickles)
антрекот	煎肉排	entrecote
апельсин	橙子	orange
баклажан	茄子	aubergine
банан	香蕉	banana
баранина	羊肉	lamb
беляш	带馅小圆饼	belyash (fried meat pastry)
бефстроганов	沙拉酱牛肉	beef stroganoff
бифштекс	牛排	steak
блины	俄式薄饼	pancakes
бобы	豆类	beans
борщ	红菜汤	borsch
брокколи	西蓝花	broccoli
буженина	熟猪肉	cold boiled pork
булочка	奶油甜面包	roll
бульон	高汤	broth
с клецками	面疙瘩汤	with dumplings
с фрикадельками	肉丸子（鱼丸子）	with meatballs
бутерброд	三明治	sandwich
вареники	饺子	dumplings
варенье	果酱	(runny) jam
ватрушка	奶渣饼，乳酪饼	cottage cheese pastry

ветчина	火腿	ham
взбитые сливки	搅起了泡沫的鲜奶油	whipped cream
виноград	葡萄	grapes
гамбургер	汉堡	hamburger
говядина	牛肉	beef
голубцы	肉馅菜卷	stuffed cabbage
горчица	芥菜；芥末	mustard
грибы	蘑菇	mushrooms
грудинка	胸肉，胸排	bacon
груша	梨	pear
гуляш	红烧牛肉块	goulash
гусь	鹅	goose
дыня	香瓜，哈密瓜	melon
желé	果子冻	jelly
запеканка	烤制的食品	baked pudding
зелёный горошек	豌豆	peas
земляника	草莓	wild strawberries
изюм	葡萄干	raisin
икра	鱼子酱	caviar
зернистая	鲟鱼子酱	unpressed caviar
красная	红鱼子酱	red
лососевая	鲑鱼子酱	salmon
чёрная	黑鱼子酱	black
индейка	火鸡	turkey
йогурт	酸奶	yoghurt

кабачки	西葫芦	marrows/courgettes
камбала	比目鱼	plaice
капуста	白菜	cabbage
Картофель / картошка	土豆	potato
каша	粥	porridge
квашенная капуста	酸菜	sauerkraut
кекс	甜点心，面包	fruit cake
кисель	水果羹	kissel (kind of blanc-mange)
клубника	草莓	strawberry
клюква	红梅苔子	cranberry
колбаса	香肠	sausage
конфеты	糖果	sweets
корица	肉桂，桂皮	cinnamon
котлеты	肉饼	cutlets
краб	螃蟹	crab
креветки	虾	prawns
крыжовник	刺李，醋栗	gooseberry
кукуруза	甜玉米	sweet corn
кулебяка	长形大烤饼	kulebyaka (pie)
курица	母鸡	chicken
лапша	面条	noodles
лимон	柠檬	lemon
лосось	鲑鱼	salmon
лук	葱头，洋葱	onion

майонез	蛋黄酱	mayonnaise
малина	悬钩子	raspberry
масло растительное	植物油	oil
масло сливочное	黄油	butter
мед	蜂蜜	honey
миндаль	扁桃，杏仁	almonds
морепродукты	海鲜	seafood
морковь	胡萝卜	carrot
мороженое	冰淇淋	ice-cream
мясо	肉	meat
огурец	黄瓜	cucumber
окрошка	冷汤	cold soup
окунь	河鲈	perch
оладьи	油煎饼	sweet pancakes
оливки	橄榄	olives
оливье	俄罗斯式沙拉	Russian potato salad
омар	龙虾	lobster
омлет	鸡蛋饼	omelette
орех	坚果	nuts
орехи грецкие	核桃	walnuts
орехи земляные	花生	peanuts
паштет	大馅饼	pâté
пельмени	饺子	dumplings
перец	辣椒	pepper

петрушка	香芹菜，香菜	parsley
печенка/печень	（用做食物的）肝	liver
пирог	大馅饼	large pie
пирожки	馅饼	small pies
с капустой	白菜馅饼	with cabbage
с картошкой	土豆馅的馅饼	with potato
с мясом	肉饼	with meat
с рисом и яйцом	米饭加肉馅的馅饼	with rice and eggs
помидор	番茄，西红柿	tomato
почки	腰子	kidneys
пряники	蜜糖饼	honey cake
рис	米饭	rice
рулет мясной	肉卷	meat loaf
рыба	鱼	fish
салат	沙拉，生菜	salad
сардельки	短粗灌肠	frankfurter sausage
сахар	糖	sugar
свёкла	甜菜	beetroot
свекóльник	甜菜根汤	cold beetroot soup
свинина	猪肉	pork
севрюга	闪光鳇	sturgeon
селёдка	鲱鱼	herring
селедка под шубой	鲱鱼沙拉	herring salad with beetroot and mayonnaise

сельдерей	芹菜	celery
скумбрия	鲭鱼	mackerel
слива	李子	plum
сливки	乳皮，乳脂	cream
сметана	酸奶油	sour cream
солянка	肉或鱼杂拌汤	solyanka (soup with cucumbers)
сосиски	小灌肠	sausages
соус	调味汁；调味酱油	sauce
спагетти	意大利面条	spaghetti
спаржа	芦笋	asparagus
суп	汤	soup
сыр	干酪	cheese
сырники	乳渣馅饼	syrniki (small fried cakes filled with cottage cheese)
творог	乳渣，奶渣	cottage cheese
телятина	小牛肉	veal
тефтели	肉圆	meatballs
торт	蛋糕	cake
треска	鳕鱼	cod
тыква	南瓜	pumpkin
уксус	醋	vinegar
утка	鸭子	duck
уха	鱼汤	fish soup
фасоль	四季豆，芸豆	beans
форель	鳟鱼	trout
харчо	羊肉汤	mutton soup

хлопья	玉米花	cornflakes
хлеб	面包	bread
белый	白面包	white
чёрный	黑面包	brown
холодец	肉冻儿，鱼冻儿	aspic
хрен	辣根	horseradish
цветная капуста	花椰菜	cauliflower
черешня	樱桃	cherries
черника	黑莓	blackberries
чернослив	梅干	prunes
чеснок	大蒜	garlic
шампиньоны	蘑菇	(field) mushrooms
шоколад	巧克力	chocolate
шпинат	菠菜	spinach
шпроты	鲱鱼罐头	sprats
щавель	酸模	sorrel
щи	菜汤	cabbage soup
щука	狗鱼	pike
яблоко	苹果	apple
язык	舌头	tongue
яичница	煎蛋	fried eggs
яйца	鸡蛋	eggs
вкрутую	煮鸡蛋	hard-boiled
всмятку	溏心鸡蛋	soft-boiled
под майонезом	蛋黄酱鸡蛋	with mayonnaise

观光与活动

■ 在旅行社

如果找不到旅游办事处，可以向下榻的旅馆前台打听。通常旅馆有很多旅游手册和免费地图。

你可能看到……

Билеты	票	tickets
Гостиницы	宾馆	hotels
Закрыто	关	closed
Открыто	开	open
Экскурсии	旅行	(day) trips

你可能想说……

• 您会说英语吗？	Вы говори́те по-англи́йски?	Do you speak English?
• 您有…吗？	У Вас есть...	Do you have...
城市地图	ка́рта го́рода?	a map of the town?
宾馆清单	спи́сок гости́ниц?	a list of hotels?
• 您有英文的信息吗？	У Вас есть информа́ция на англи́йском?	Do you have information in English?
• 您能给我 / 我们预订…吗？	Вы мо́жете заказа́ть мне/нам...	Can you book for me/us ...
宾馆	гости́ницу?	a hotel room?
这次旅行	э́ту экску́рсию?	this day trip?
•…在哪？	Где...	Where is...

画廊	карти́нная галере́я?	the art gallery?
博物馆	музе́й?	the museum?
银行	банк?	the bank?
• 这儿的邮局在哪?	Где здесь по́чта?	Is there a post near here?

■ 开放时间

你可能想说……

•…几点闭馆?	Во ско́лько закрыва́ется...	What time does the... close?
博物馆	музе́й?	museum
•…几点开始?	Когда́ открыва́ется...	When does the... open?
展览会	вы́ставка?	exhibition
•…它也营业吗?	Он/она́ рабо́тает...	Is it open...
周末	по выходны́м?	at the weekend?
• 它对公众开放吗?	Он/она́ откры́т/а для посети́телей?	Is it open to the public?

你可能听到……

•...рабо́тает ка́ждый день кро́ме...	…每天都营业（上班），除了…	It's open every day except...
• ...рабо́тает с... до...	从…到…营业（上班）	It's open from... to...
•...закры́т(-а/о) на реставра́цию.	…停业修整	It's closed for repairs.

■ 参观地点

你可能看到……

Билеты	售票处	ticket office
Вход	入口	entrance
Входа нет	禁止入内	no entry
Гардероб/Камера хранения	存衣室，衣帽间	cloakroom
Руками не трогать	请勿触摸	do not touch
Служебное помещение	办公地点	private
Фото и видеосъёмка запрещены	禁止拍照、摄像	use of photographic and recording equipment prohibited
Экскурсии	游览	guided tours

你可能想说……

• 这个多少钱？	Ско́лько э́то сто́ит?	How much does it cost?
• 请拿两个（张）成人的！	Два́ взро́слых	Two adults, please.
• 请拿一个成人和两个孩子的！	Оди́н взро́слый и два де́тских, пожа́луйста.	One adult and two children, please.
• 对…有折扣吗？	Есть ски́дки...	Is there a discount for...
学生	студе́нтам?	students?
孩子	де́тям?	children?
• 你有…吗？	У Вас есть...	Do you have ...
电子语音导游	аудиоту́р?	an audio tour?

• 有（英语）导游吗？	Есть экску́рсии (на англи́йском)?	Are there guided tours (in English)?
• 可以拍照吗？	Мо́жно фото-графи́ровать?	Can I take photos?
• 您能帮我/我们照张相吗？	Вы мо́жете меня́/нас сфотографи́-ровать?	Can you take a photo of me/us?
• 这是什么时候建造的？	Когда́ э́то бы́ло постро́ено?	When was this built?
• 这是谁的画？	Чья э́то карти́на?	Who painted this picture?

你可能听到……

• Биле́т сто́ит... рубле́й.	一张票…卢布。	It costs ... roubles per person.
• Вход свобо́дный.	免费入场	Admission is free.
• Ски́дки...	对…有折扣	There's a discount for...
пенсионе́рам	退休人员	senior citizens
• Де́ти до... лет беспла́тно.	…岁以下的儿童免费入场	Children under... go free.
• У Вас есть студе́нческий (биле́т)?	您有学生证吗？	Do you have a student card?
• Су́мку/рюкза́к на́до сдать (в ка́меру хранения).	包/背包应该放到寄存处。	You must leave your bag/rucksack in the cloak-room.
• К сожалению, на инвали́дной коля́ске не прое́хать.	很遗憾，轮椅过不去！	I'm sorry, it's not suitable for wheelchairs.

• Аудиоту́р сто́ит... рубле́й.	语音电子导游…卢布。	The audio tour costs ... roubles.
• Э́то рабо́та худо́жника/архите́ктора.	这是艺术家 / 建筑师的作品。	This is the painter's /architect's work.

■ 参观游览

你可能想说……

• 我想去…旅游。	Я хочу́ пое́хать на экску́рсию в...	I'd like to join the tour to...
• 什么时候…?	Когда́ ...	What time does it...
出发	начало?	leave?
返回	мы вернёмся?	get back?
• 游览从哪出发?	Отку́да она́ отправля́ется?	Where does it leave from?
• 导游会说英语吗?	Экскурсово́д/гид говори́т по-англи́йски?	Does the guide speak English?
• 多少钱?	Ско́лько сто́ит?	How much is it?
• 包含…吗?	С...	Is... included?
午饭	обе́дом?	lunch
住宿	прожива́нием?	accommodation
• 下次…是什么时候?	Когда́ сле́дующая...	When's the next...
乘船旅行	прогу́лка на теплохо́де?	boat trip?
一日游	экску́рсия?	day trip?
• 我们可以请…吗?	Мы мо́жем наня́ть...	Can we hire...

一个英语导游	англогово-рящего гида?	an English-speaking guide?
• 我掉队了。	Я отстáл/отстáла от грýппы.	I've lost my group. *(m/f)*

你可能听到……

• Начáло экскýрсии в...	在…旅行开始。	It leaves at...
• Окончáние экскýрсии в...	在…旅行结束。	It gets back at...
• Онá отправ-ля́ется от...	从…出发。	It leaves from...
• Он/она берёт... рублéй в день.	他 / 她的费用是每天…卢布。	He/She charges ... roubles per day.

■ 旅游词汇

你可能看到……

Башня	钟楼	tower
Выставка	展览会	exhibition
Горячий источник	温泉	hot spring
Дворец	皇宫，宫殿	palace
Зоопарк	动物园	zoo
Картинная галерея	画廊，美术馆	art gallery
Кладбище	墓地，公墓	cemetery
Крепость	堡垒，要塞	fortress
Памятник	纪念碑	monument
Парк	公园	park

Площадь	广场	square
Сады	花园	gardens
Собор	大教堂	cathedral
Стадион	体育场	stadium
Царица	皇后，女沙皇	tsarina
Царь	沙皇	tsar

娱乐

你可能看到……

Балет	芭蕾舞	ballet
Балкон	楼座	upper circle
Без антракта	没有幕间休息	there is no interval
Билетов нет	票已售光	sold out
Гардероб	存衣室，衣帽间	cloakroom
Кино	电影	cinema
Концертный зал	音乐厅	concert hall
Кукольный театр	木偶剧院	puppet theatre
Ложа	包厢	box
Матч	比赛	match
Ночной клуб	夜总会	nightclub
Опера	歌剧	opera
Оркестр	乐队	orchestra
Партер	池座	stalls
Ряд	排	row
Театр	剧院	theatre
Цирк	马戏团	circus

你可能想说……

• 晚上有什么地方可去？	Куда́ мо́жно пойти́ ве́чером?	What is there to do in the evenings here?
• 这儿附近哪有…？	Где здесь...	Is there... round here?
电影院	кинотеа́тр?	a cinema
•…上演什么剧目？	Что идёт...	What's on...
明天	за́втра?	tomorrow?
在剧院	в теа́тре?	at the theatre?
• 周末有足球比赛吗？	В выходны́е бу́дет футбо́льный матч?	Is there a football match on this weekend?
•…什么时候开始？	Во ско́лько нача́ло...	What time does the... start?
比赛	игры́?	game
• 演出持续多长时间？	Ско́лько дли́тся представле́ние?	How long is the performance?
• 在哪可以买票？	Где мо́жно купи́ть биле́ты?	Where can I get tickets?
• 这对儿童合适吗？	Э́то подойдёт де́тям?	Is it suitable for children?
• 电影有字幕吗？	Фильм с субти́трами?	Has the film got subtitles?
• 是配音的影片吗？	Фильм дубли́рован?	Is it dubbed?
• 是谁…？	Кто...	Who's...
演唱	поёт?	singing?
出演	игра́ет?	playing?

你可能听到……

• Начáло в...	在…开始	It starts at...
• Окончáние в...	在…结束	It finishes at...
• Лучше заказáть билéты зарáнее.	最好提前订票。	It's best to book in advance.
• Фильм дублúрован.	电影是配音的。	The film is dubbed.
• С английскими субтúтрами.	配有英文字幕。	It's got English subtitles.
• Вы мóжете купúть билéты здесь/у меня́.	你可以从这儿/我这买票。	You can buy tickets here.

■ 订票

你可能想说……

• 您可以订…票吗?	Вы мóжете заказáть билéты...	Can you get me tickets for...
芭蕾舞	на балéт?	the ballet?
• 周六的票还有吗?	Есть билéты на суббóту?	Are there any seats left for Saturday?
• 请给我…	Пожáлуйста...	I'd like to book...
两张票。	два билéта.	two seats.
• 在池座	В партéре.	In the stalls.
• 在楼座	На балкóне.	In the upper circle.
• 有便宜点的吗?	Есть чтó-нибудь подешéвле?	Do you have anything cheaper?
• 坐轮椅可以通过吗?	Мóжно проéхать на инвалúдной колáске?	Is there wheelchair access?

你可能听到……

• Ско́лько?	多少张?	How many?
• На како́е число́?	几号的?	When for?
• Извини́те, но на э́то число́ биле́тов нет.	对不起，这天的票没有了!	I'm sorry we're sold out.

■ 看演出

你可能想说……

• 今天上演什么?	Что сего́дня пока́зывают?	What is on tonight?
• 请给我两张今晚演出的票。	Два биле́та на сего́дня, пожа́луйста.	Two for tonight's performance, please.
• 我想坐…。	Я хочу́ сиде́ть...	We'd like to sit...
在前面	впереди́.	at the front .
稍远一点 / 后排	пода́льше/в за́днем ряду́.	at the back.
中间	в середи́не.	in the middle.
• 我们订了票。	Мы зака́зывали биле́ты.	We've reserved seats.
• 用的是…的名字。	На и́мя...	It's in the name of...
• 有幕间休息吗?	Бу́дет антра́кт?	Is there an interval?
• 卫生间在哪?	Где туале́ты?	Where are the toilets?
• 请安静一点!（请不要说话!）	Мо́жно поти́ше, пожа́луйста!	Can you stop talking, please?!

你可能听到……

• Извини́те, на сего́дня биле́тов нет.	对不起，今天的票售完了。	Sorry, we're full tonight.
• Вам каки́е места́?	您想要什么座位？	Where do you want to sit?
• Вам нужна́ програ́ммка?	您需要节目单吗？	Would you like a programme?

运动和活动

你可能看到……

Бассейн	游泳池	swimming pool
Верховая езда	骑马	horse riding
Купаться запрещено	禁止游泳	no swimming
Медпункт	医疗所，医疗点	first aid
Опасно	危险	danger
Площадка/поле для игры в гольф	高尔夫球场	golf course
Пляж	海滩	beach
Подъемник	升降机	ski lift
Прокат лыж	出租滑雪板	ski hire
Сауна	桑拿	sauna
Спортивный центр	运动中心	sports centre
Теннисный корт	网球场	tennis court
Футбольное поле	足球场	football pitch

你可能想说……

• 哪儿可以…?	Где мóжно поигрáть...	Where can I/we...
打网球	в тéннис?	play tennis?
打高尔夫	в гольф?	play golf?
• 这儿可以…吗?	Здесь мóжно...	Can I/we...
钓鱼	рыбáчить?	go fishing here?
游泳	купáться?	go swimming here?
• 我是…。	Я...	I'm...
新手	новичóк.	a beginner.
经验丰富的运动员	óпытный спортсмéн/óпытная спортсмéнка.	quite experienced. *(m/f)*
•…多少钱?	Скóлько стóит...	How much does it cost...
一个小时	в час?	per hour?
一天	в день?	per day?
每一轮	пáртия?	per round?
每场比赛	и́гра?	per game?
• 可以租…吗?	Мóжно взять напрокáт...	Can I/we hire...
网球拍	ракéтки?	raquets?
滑雪板	лы́жи?	skis?
• 您授课吗?	Вы даёте урóки?	Do you give lessons?
• 需要是俱乐部会员吗?	Нýжно быть члéном клýба?	Do I/we have to be a member?

• 这对儿童打折吗？	Есть ски́дки для дете́й?	Is there a discount for children?

你可能听到……

• Э́то сто́ит... рубле́й в час.	这个一小时…卢布。	It costs... roubles per hour.
• Ну́жно заплати́ть/оста́вить зало́г... рубле́й.	需要交…卢布的押金。	There's a deposit of... roubles.
• Всё за́нято.	我们这儿客满。	We're fully booked.
• Зайди́те по́зже.	迟点再来吧。	Come back later.
• Есть места́ на за́втра.	有明天的位子。	We've got places tomorrow.
• Како́й у Вас разме́р?	您的尺码是多大？	What size are you?
• Како́й у Вас рост?	您多高？	How tall are you?
• Вам нужна́...	您需要…。	You need...
фотогра́фия.	一张照片	a photo.
страхо́вка.	保险	insurance.

在海滩、河边、游泳池

你可能想说……

• 这里可以游泳吗？	Здесь мо́жно купа́ться?	Can we swim here?
• 什么时候涨潮/退潮？	Когда́ (быва́ет) прили́в/отли́в?	When is high/low tide?
• 水干净吗？	Вода́ чи́стая?	Is the water clean?

•…在哪？ 救生员	Где... спаса́тель?	Where is the... lifeguard?

你可能听到……

• Осторо́жно, опа́сно!	小心，危险！	Be careful, it's dangerous.
• Тече́ние о́чень си́льное.	水流很急！	The current is very strong.
• О́чень си́льный ве́тер.	很强的风。	It's very windy.

你可能看到……

Ловить рыбу запрещено/ Рыбалка запрещена.	禁止垂钓！	No fishing!
Нырять запрещено.	禁止潜水！	No diving!

购物与服务

■ 购物

在俄罗斯购物离店前，通常会在收银台结账。你也许会遇到这样的情况，即首先在收银台付款，然后再去取购买的东西。不要忘记收据，不然你会拿不到你买的物品。

你可能看到……

(Аварийный) выход	(紧急)出口	(emergency) exit
Антиквариат	古玩，古董	antiques
Аптека	药店	chemist's/pharmacy
Булочная	面包铺	bakery
Вход	入口	entry
Газеты-журналы	报纸杂志	newsagent's
Диета	营养品	health foods
Закрыто	打烊，停止营业	closed
Игрушки	玩具	toys
Канцелярские товары	文具店	stationer's
Касса	收款处	cashier
Книги/Книжный магазин	书店	bookshop
Кожа	皮革商品	leather goods
Компьютеры	电脑	computers
Кондитерская	糖果店	cake shop/confectioner's
Мебель	家具	furniture shop
Меха	皮毛	furs

Молоко	牛奶	milk
Мороженое	冰激淋	ice-cream
Мясо	肉店	butcher's
Обувь	鞋 / 鞋店	footwear/shoe shop
Овощи-фрукты	蔬菜水果	greengrocer
Одежда	服装	clothing/fashion
Оптика	眼镜店	optician's
Открыто	开门，正在营业	open
Парикмахерская	理发店	hairdresser's
Парфюмерия	化妆品 / 化妆品商店	perfumery
Подарки	礼品	gifts
Почта	邮局	post office
Примерочные	试衣间	fitting rooms
Продукты	食品	groceries
Распродажа	甩卖，抛售	sales
Розничная цена	零售价	retail price
Руками не трогать	请勿手摸	do not touch
Рыба	鱼店	fishmonger's
Самообслуживание	自助，无人售货	self-service
Специальное предложение	特别推荐	special offer
Спорттовары	体育商品	sports goods
Сувениры	纪念品	souvenirs
Супермаркет	超市	supermarket

Табак	烟草店	tobacconist's
Торговый центр	贸易中心，购物中心	shopping centre
Универмаг	百货商店	department store
Фотография	照相馆	photographer's
Химчистка	干洗；干洗店	dry-cleaners
Хлеб	面包	bakery
Цветы	花，鲜花店	florist's
Электроника	电子仪器	electronics
Электротовары	电子产品	electrical goods
Ювелирный магазин	珠宝店	jeweller's

你可能想说……

• …在哪?	Где...	Where is...
购物中心	торго́вый центр?	the shopping centre?
• 在哪儿可以买到…	Где мо́жно купи́ть...	Where can I buy...
城市地图?	ка́рту го́рода?	a city map?
• 请给我…。	Пожа́луйста, ...	I'd like ..., please
那个	вот то.	that one there
这个	вот э́то.	this one here
两个那样的	два таки́х.	two of those
• 您有…?	У Вас есть... ?	Have you got... ?
• 这个多少钱?	Ско́лько э́то сто́ит?	How much does it/do they cost?
• 能给我写一下吗?	Мо́жете написа́ть?	Can you write it down please?

• 我只是看看。	Я (про́сто) смотрю́.	I'm just looking.
• 和在橱窗里的一样。	Как на витри́не.	There's one in the window.
• 我要这个了。	Я возьму́ э́то.	I'll take it.
• 有保修吗?	Есть гара́нтия?	Is there a guarantee?
• 您能…吗?	Вы мо́жете...	Can you...
把这个给我留着	э́то отложи́ть?	keep it for me?
给我预订	э́то заказа́ть?	order it for me?
• 我得考虑考虑。	Я поду́маю.	I need to think about it.

你可能听到……

• Я Вас слу́шаю.	听候您的吩咐!	Can I help you?
• (Э́то сто́ит)... рубле́й.	这要…卢布。	It costs ... roubles.
• Извини́те, но э́то зако́нчилось.	对不起，这个已经售完了。	I'm sorry, we've sold out.
• Я могу́ для Вас заказа́ть.	我可以给您订一个。	I can order it for you.

■ 结账

俄罗斯的货币是卢布 (рубль) (RUR)。 1 卢布等于 100 戈比 (копе́йка)。 目前纸币面值有 10, 50, 100, 500 和 1,000 卢布，硬币有 1, 5, 10, 50 戈比以及 1, 2, 5 卢布。

俄罗斯主要城市有很多自动取款机，许多商店和餐馆接受信用卡。不过，一旦到了较小的城镇，你会发现很难使用信用卡。

你可能想说……

• 收款台在哪？	Где ка́сса?	Where do I pay?
• 您这可以使用信用卡吗？	Вы принима́ете креди́тные ка́рты?	Do you take credit cards?
• 您能给包装一下吗？	Вы мо́жете заверну́ть?	Can you wrap it, please?
• 请把…给我。	Да́йте, пожа́луйста...	Can I have... please?
发票	чек.	a receipt
袋子	паке́т.	a bag
• 对不起，我没有零钱。	Извини́те, у меня́ нет ме́лочи.	Sorry, I haven't got any change.

你可能听到……

• Это пода́рок?	这是礼物吗？	Is it a gift?
• Паке́т ну́жен?	需要袋子吗？	Do you want a bag?
• Пожа́луйста...,	请把…给我看看。	Can I see... please?
како́й-нибу́дь докуме́нт.	证件	some ID
па́спорт.	护照	your passport
• У Вас есть/ бу́дет поме́льче?	有小一点的吗？	Have you got any smaller notes?
• У меня́ нет сда́чи.	我没有零钱。	I have no change.
• Иди́те меня́йте.	去兑换点（钱）吧！	You will need to get some change.

■ 购买衣服和鞋子

你可能想说……

• 您有…的吗？	У Вас есть...	Have you got...
小一点	на разме́р ме́ньше?	a smaller size?
大一点	на разме́р бо́льше?	a larger size?
别的颜色	друго́го цве́та?	other colours?
• 我的尺码是…	У меня́... разме́р.	I'm a size...
• 我想要…。	Я ищу́...	I'm looking for...
一件衬衫	руба́шку.	a shirt.
一件线衫	дже́мпер.	a jumper.
一件夹克	пи́джак.	a jacket.
一顶帽子	ша́пку.	a hat.
一条裤子	брю́ки.	a pair of trousers.
一双靴子	боти́нки.	a pair of boots.
• 试衣间在哪？	Где приме́рочная?	Where are the changing rooms?

■ 试衣间

你可能想说……

• 我可以试一下吗？	Я могу́ приме́рить?	Can I try this on, please?
• 不合适。	Не подхо́дит.	It doesn't fit.
• （太）…。	(Сли́шком...)	It's (too)...
大	велико́.	big.
小	мало́.	small.
• 我穿不合适。	Мне не идёт.	It doesn't suit me.

你可能听到……

• Хоти́те/жела́ете приме́рить?	想试一下吗？	Would you like to try it/them on?
• Како́й разме́р?	多大号的？	What size are you?
• Вам идёт.	您穿着很合适。	It suits/They suit you.

■ 更换和退货

你可能想说……

• 我想…。	Я хочу́...	I'd like...
退掉	э́то верну́ть.	to return this.
换掉	э́то поменя́ть.	to change this.
• 这里有瑕疵。	Здесь брак.	This is faulty.
• 这个不合适。	Не подошло́.	This doesn't fit.
• 我想要退款。	Я хочу́ получи́ть де́ньги обра́тно.	I'd like a refund.

你可能听到……

• У Вас есть...	有…吗？	Have you got...
чек?	收据（发票）	the receipt?
гаранти́йный тало́н?	保修卡	the guarantee?
• Извини́те, мы не возвраща́ем де́ньги.	对不起，我们不能退钱。	Sorry, we don't give refunds.
• Вы мо́жете обменя́ть.	您可以换一件。	You can exchange it.

■ 摄影

你可能想说……

• 您能把照片从存储卡中打印出来吗?	Вы печáтаете фотогрáфии с кáрты пáмяти?	Can you print photos from a memory card?
• 我想洗相片。	Я хочу́ прояви́ть плёнку.	I'd like to develop this film.
• 什么时候能弄好?	Когдá бу́дет готóво?	When will it/they be ready?
• 您能加急吗?	Вы дéлаете срóчные закáзы?	Do you have an express service?
• …多少钱?	Скóлько стóит...	How much does it cost...
(洗)一张	оди́н сни́мок?	per print?
• 请给我…。	Пожáлуйста, ...	I'd like ... please.
一个 8MB 的存储卡	кáрту пáмяти на вóсемь мегабáйтов.	an 8MB memory card

你可能听到……

• Матóвые и́ли гля́нцевые?	您要绒面的还是亮光的?	Do you want them matt or gloss?
• Приходи́те...	请…来。	Come back...
зáвтра.	明天	tomorrow.
чéрез час.	一小时后	in an hour.
• На скóлько мегабáйтов (кáрту пáмяти)?	您想要多大内存(MB)的存储卡?	What size memory card do you want?

在烟草店

你可能想说……

• 请给我一包…	Пáчку..., пожáлуйста.	Can I have a packet of..., please?
• 您这有…吗?	У Вас есть...	Do you sell...
火柴	спи́чки?	matches?
打火机	зажигáлки?	lighters?
散装烟	табáк?	loose tobacco?
雪茄	сигáры?	cigars?

在酒品专卖店

你可能想说……

• 您这有…吗?	У Вас есть...	Have you got any...
本地产的葡萄酒	мéстное винó?	local wine?
进口啤酒	и́мпортное пи́во?	imported beer?
• 这个是甜的还是干的?	Э́то слáдкое или сухóе?	Is this sweet or dry?
• 我要…	Я возьмý...	I'll take... please.
一瓶	буты́лку.	a bottle
两瓶	две буты́лки.	two bottles
一打	упакóвку.	a pack

■ 在邮局

你可能想说……

• 一张寄往…的信的邮票。	Ма́рку для письма́ в... пожа́луйста.	A stamp for... please.
欧洲	Евро́пу	Europe
美国	Аме́рику	America
• 请给我五张邮票。	Пять ма́рок, пожа́луйста.	Five stamps please.
• 用于寄…	Для...	For...
明信片	откры́ток	postcards
信	пи́сем	letters
• 可以寄…吗？	Мо́жно посла́ть...	Can I send this...
挂号信	заказны́м?	registered?
航空信	а́виа?	by airmail?
• 这是礼品。	Э́то пода́рок.	It contains a present.
• 请开一张收据。	Квита́нцию да́йте, пожа́луйста.	Can I have a receipt, please?
• 我可以在这换钱吗？	Я могу́ здесь обменя́ть де́ньги?	Do you change money here?

你可能听到……

• Положи́те на весы́.	请称重。	Put it on the scales, please.
• Что внутри́?	里面是什么？	What's in it?
• Запо́лните тамо́женную деклара́цию, пожа́луйста.	请填写关税申报单。	Please fill in this customs declaration form.

在银行

你可能想说……

• 对不起，请问外币兑换窗口在哪？	Извини́те, где окно́ обме́на валю́ты?	Excuse me, where's the foreign exchange counter?
• 这里有自动取款机吗？	Здесь есть банкома́т?	Is there a cash machine here?
• 自动取款机吞了我的卡。	Банкома́т съел мою́ ка́рту.	The cash machine has eaten my card.
• 我忘了我的密码。	Я забы́л/-а свой пин-код.	I've forgotten my PIN number. *(m/f)*
• 我的名字叫…	Моя́ фами́лия...	My name is...
• 钱汇到了吗？	Де́ньги пришли́?	Has my money arrived yet?

兑换钱

在俄罗斯你可以在银行或者专门的兑换处兑换钱。需要寻找 Обмен валюты 或者 Обменный пункт 的标志。小的兑换处一般只接受美元和欧元的兑换。但是千万不要在街上兑换钱，哪怕兑换率更高，谨访上当受骗。

你可能想说……

• 我想兑现 / 兑换…。	Я хочу́...	I'd like to change ...
旅行支票	обнали́чить доро́жные че́ки.	these travellers' cheques.
一百英镑	обменя́ть сто фу́нтов.	one hundred pounds.
• 您能给我换…吗？	Вы мо́жете разменя́ть...	Can you give me...

小一点面值的钱	поме́льче?	small notes?
• 今天…汇率是多少？	Како́й сего́дня курс...	What's the rate today...
英镑	фу́нта?	for the pound?
美元	до́ллара?	for the dollar?
欧元	е́вро?	for the euro?

你可能听到……

• Ско́лько?	多少？	How much?
• Па́спорт, пожа́луйста.	请出示护照。	Passport, please.
• Распиши́тесь здесь, пожа́луйста.	请在这里签名。	Sign here, please.
• Курс пятьдеся́т два рубля́ за один фунт.	汇率是 52 卢布兑换 1 英镑。	It's 52 roubles to the pound.

■ 打电话

在公共电话亭打电话需要电话卡(телефонная карточка）或者代币（жетон)。电话卡和代币一般可以在报刊亭、邮局或地铁售票处买到。

你可能想说……

• 这里的电话亭在哪里？	Где здесь телефо́н?	Where's the (nearest) phone?
• 这里有公共电话吗？	Здесь есть телефо́н-автома́т?	Is there a public phone?

• 我想…。	Я хочу́...	I'd like to...
买一张电话卡	купи́ть телефо́нную ка́рточку.	buy a phone card.
往英格兰打电话	позвони́ть в А́нглию.	call England.
打电话，接听方付款	позвони́ть за счёт вызыва́емого абоне́нта.	make a reverse charge call.
• 一分钟多少钱？	Ско́лько сто́ит мину́та?	How much does it cost per minute?
• …的国家代码是多少？	Како́й код у...?	What's the code for... ?
• 喂！	Алло́.	Hello.
• 这是…	Говори́т.../Э́то...	It's... speaking.
• 我能和…聊聊吗？	Могу́ я поговори́ть с...	Can I speak to...?
• 他／她什么时候回来？	Когда́ он/она́ бу́дет?	When will he/she be back?
• 我再打电话吧。	Я перезвоню́.	I'll ring back.
• 我可以留下口信吗？	Могу́ я оста́вить сообще́ние?	Can I leave a message?
• 我的电话号码是…	Мой телефо́н...	My number is...
• 信号不好／线路不好。	Пло́хо слы́шно/ плоха́я связь.	It's a bad line.
• 通话中断了。	Связь прервала́сь.	I've been cut off.

你可能听到……

• Кто говори́т?/ Э́то кто?	请问您是哪位？	Who's calling?

• Извини́те, его́/ её нет.	对不起，他 / 她不在。	Sorry, he/she's not here.
• Мину́точку/ одну́ мину́ту.	稍等。	Just a moment.
• Како́й Ваш телефо́н?	您的电话号码是多少？	What's your number?
• За́нято.	占线。	It's engaged.
• Не отвеча́ет.	没人接。	There's no answer.
• Бу́дете ждать?	您想等一会吗？	Do you want to hold?
• Вы оши́блись (но́мером)/ Вы не туда́ попа́ли.	您打错了。	Sorry, wrong number.
• Непра́вильно на́бран но́мер.	拨错号了。	The number you have dialled is incorrect.

■ 手机

你可能想说……

• 我需要一个这种手机的充电器。	Мне нужна́ заря́дка устро́йство для э́того телефо́на.	I need a charger for this phone.
• 我需要一张当地的 SIM 卡。	Мне нужна́ SIM-ка́рта для ме́стной сети́.	I need a SIM card for the local network.
• 我想给手机充值。	Я хочу́ положи́ть де́ньги на телефо́н.	I'd like to top up my mobile phone.

互联网

你可能想说……

• 这儿的网吧在哪儿？	Где здесь интернéт-кафé?	Is there an internet café near here?
• 我想看看我的邮箱。	Я хочý провéрить пóчту.	I'd like to check my emails.
• 一分钟多少钱？	Скóлько стóит минýта?	How much is it per minute?
• 我无法登陆。	Я не могý войти́.	I can't log on.
• 连接不上。	Не соединя́ется.	It's not connecting.
• 网速非常慢。	О́чень мéдленно.	It's very slow.
• 我能…吗？	Я могý...	Can I...
打印	распечáтать?	print this?
扫描	отскани́ровать?	scan this?
• 我可以用存储卡吗？	Я могý испóльзовать свою́ (кáрту пáмяти) USB?	Can I use my memory stick?
• 您有 CD 光驱吗？	У Вас есть сидирóм?	Do you have a CD-ROM?
• 怎么能转换到英文键盘？	Как переключи́ть на англи́йскую клавиатýру?	How do I switch to an English keyboard?

你可能看到……

Имя пользователя	用户名	user name
Пароль	密码	password

Нажать/кликнуть	点击（这里）进入	click here
Ссылка	链接	link

■ 传真

你可能想说……

• 您的传真号是多少?	Какóй у Вас нóмер фáкса?	What's your fax number?
• 您能发传真吗?	Вы мóжете отпрáвить факс?	Can you send this fax for me, please?
• 这多少钱?	Скóлько э́то стóит?	How much is it?

健康与安全

■ 在药房

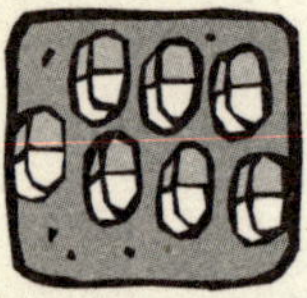

药房 (аптечный киоск) 一般位于地铁站附近和超市里。在那里可以买到非处方药。

你可能想说……

• 您有…吗?	У вас есть что́-нибудь от...	Have you got something for...
头痛药	головно́й бо́ли?	headaches?
治喉咙痛的药	бо́ли в го́рле?	sore throat
感冒药	просту́ды?	a cold?
腹泻药	поно́са/диаре́и?	diarrhoea?
• 您这有…吗?	У Вас есть...	I need some... please.
避孕套	презервати́вы?	condoms
杀虫剂	сре́дство от насеко́мых?	insect repellent
止痛片	обезбо́ливающее?	painkillers
膏药	пла́стырь?	plasters
卫生棉塞	тампо́ны?	tampons
牙膏	зубна́я па́ста?	toothpaste
• 您能给我按这个处方拿药吗?	Вы мо́жете пригото́вить лека́рство по э́тому реце́пту?	Can you make up this prescription, please?

你可能听到……

• Вы э́то ра́ньше принима́ли?	您以前服过这个药吗?	Have you taken this before?

• У Вас есть рецéпт?	您有处方吗?	Have you got a prescription?
• О́тпуск тóлько по рецéпту.	只能凭处方拿药。	Available only with a prescription.

■ 看病

你可能想说……

• 我需要（会讲英语 / 汉语的）医生。	Мне нýжен врач, (котóрый говори́т по-англи́йски/по-китáйски).	I need a doctor (who speaks English/Chinese).
• 我…可以去见医生吗?	Мóжно попáсть (на приём) к врачý...	Can I make an appointment for...
今天	сегóдня?	today?
• 我的药用完了。	У меня́ закóнчилось лекáрство.	I've run out of my medication.
• 他 / 她接种了…疫苗。	У негó/неё есть приви́вка от...	He/She has had a ... vaccination.
脊髓灰质炎	полиомиэли́та	polio
麻疹	кóри	measles
• 能给我医疗保险需要的收据吗?	Мне нужнá квитáнция для страхóвки.	Can I have a receipt for my health insurance, please?

■ 述说病症

你可能想说……

• 我感觉不好。	Я себя́ плóхо чýвствую.	I don't feel well.

• 就这儿疼。	Вот здесь бо́льно/ боли́т.	It hurts here.
• 我…疼。	У меня́ боли́т...	My ... hurts.
头	голова́.	head
• 我…疼。	У меня́ боля́т...	My ... hurt.
腿	но́ги.	feet
• 我…。	У меня́...	I've got...
喉咙痛	боли́т го́рло.	a sore throat.
扁桃体肿大	увели́чены гла́нды.	swollen glands.
泡疹	сыпь.	a rash.
腹泻	поно́с/диаре́я.	diarrhoea.
• 我头晕	У меня́ кру́жится голо́ва.	I'm dizzy.
• 我恶心。	Меня́ тошни́т.	I feel sick.
• 我…。	Я не могу́...	I can't...
呼吸不畅	дыша́ть.	breathe.
睡不着觉	спать.	sleep.
• 我把自己弄伤了。	Я поре́зался/ поре́залась.	I've cut myself. *(m/f)*
• 我被烫伤了。	Я обжёгся/ обожгла́сь.	I've burnt myself. *(m/f)*
• 我恶心。	Меня́ вы́рвало./ Меня́ рвало́.	I've been sick.

■ 病情

你可能想说……

• 我有…。	У меня́ ...	I'm...

关节炎	артри́т	arthritic
气喘	а́стма	asthmatic
糖尿病	диабе́т	diabetic
癫痫	эпиле́псия	epileptic
• 我是…。	Я...	I'm...
盲人	слепо́й/слепа́я	blind *(m/f)*
聋人	глухо́й/глуха́я	deaf *(m/f)*
孕妇	бере́менная	pregnant
• 我有…。	У меня́...	I've got...
高 / 低血压	высо́кое/ни́зкое давле́ние.	high/low blood pressure.
心脏病	больно́е се́рдце.	a heart condition.
• 我是残疾人，使用轮椅。	Я инвали́д на коля́ске.	I use a wheelchair.
• 我走路困难。	Я с трудо́м хожу́.	I have difficulty walking.
• 我有艾滋病。	У меня́ СПИД.	I'm HIV positive.
• 我对…过敏。	У меня́ аллерги́я на...	I'm allergic to...
抗生素	антибио́тики.	antibiotics.
可的松	кортизо́н.	cortisone.
坚果	ope̍хи.	nuts.
青霉素	пеницили́н.	penicillin.
• 我患有…。	У меня́ ...	I suffer from...
枯草热	сенна́я лихора́дка.	hay fever.
心绞痛	стенокарди́я.	angina pectoris.

你可能听到……

• Где боли́т/бо́льно?	哪儿疼？	Where does it hurt?
• Здесь боли́т/бо́льно?	是这儿疼吗？	Does it hurt here?
• Как давно́ э́то у Вас?	您这样多久了？	How long have you been feeling like this?
• Вы принима́ете каки́е-нибудь лека́рства?	您现在服用什么药吗？	Are you on medication?
• У Вас есть аллерги́я?	您有过敏史吗？	Are you allergic to anything?
• Надо изме́рить температу́ру.	应该量量体温。	I need to take your temperature.
• Разде́ньтесь, пожа́луйста.	请把衣服脱下来吧！	Get undressed, please.
• Ложи́тесь, пожа́луйста.	请躺下。	Lie down here, please.
• Ничего́ серьёзного.	没什么大碍。	It's nothing serious.
• У Вас инфе́кция.	您被传染了。	You've got an infection.
• (Вам) на́до сде́лать ана́лиз...	（您）需要化验…。	You need a ... sample.
кро́ви.	血	blood
мочи́.	尿	urine
ка́ла.	大便	stool
• (Вам) на́до сде́лать рентге́н.	您需要做 X 透视。	You need an X-ray.

• Я сде́лаю Вам уко́л.	我要给您打针。	I'm going to give you an injection.
• Принима́йте три ра́за в день.	请一天服三次。	Take this three times a day.
• во вре́мя еды́	吃饭时	with food
по́сле еды́	饭后	after meals
до еды́	饭前	before meals
• Вам на́до отдохну́ть.	您需要休息	You must rest.
• Никако́го спиртно́го/ алкого́ля.	您不能喝酒。	You mustn't drink alcohol.
• Когда́ прие́дете домо́й, обяза́тельно сходи́те к врачу́.	您回家后一定要去看医生。	You should see a doctor when you go home.
• Вам на́до в больни́цу.	您需要去医院。	You need to go to hospital.
• У Вас растяже́ние...	您扭伤了…。	You've sprained your...
лоды́жки.	踝骨	ankle.
• У Вас перело́м...	您的…骨折了。	You've broken your...
рёбер.	肋骨	ribs.
• У Вас...	您（得了）…	You've got...
грипп.	流感	flu.
аппендици́т.	阑尾炎	appendicitis.
отравле́ние.	食物中毒	food poisoning.

• У Вас серде́чный при́ступ.	您心脏病突发。	It's a heart attack.

■ 身体部位

你可能想说……

背，背脊	спина́	back
鼻子	нос	nose
扁桃体	минда́лины	tonsils
脖子	ше́я	neck
肠	кише́чник	bowels
大拇指	большо́й па́лец	thumb
大腿	бедро́	thigh
动脉	арте́рия	artery
颚；下巴	че́люсть	jaw
耳朵	у́хо	ear
肺脏	лёгкие	lung
肝脏	пе́чень	liver
睾丸	яи́чко	testicle
胳膊	рука́	arm
骨头	кость	bone
关节	суста́в	joint
喉咙	го́рло	throat
踝，脚腕；踝关节	лоды́жка	ankle
肌腱	сухожи́лие	tendon
肌肉	мы́шца	muscle
脊柱	позвоно́чник	spine

肩	плечо́	shoulder
脚后跟	пя́тка	heel
脚趾头	па́лец ноги́	toe
静脉	ве́на	vein
阑尾，盲肠	аппе́ндикс	appendix
肋骨	ребро́	rib
脸	лицо́	face
膀胱	мочево́й пузы́рь	bladder
皮肤	ко́жа	skin
韧带	свя́зка	ligament
乳房，胸部	грудь	breast
舌头	язы́к	tongue
身体	те́ло	body
神经	нерв	nerve
肾脏	по́чка	kidney
生殖器	гените́лии	genitals
手	рука́, кисть	hand
手腕	запя́стье	wrist
手指	па́лец	finger
手肘	ло́коть	elbow
锁骨	ключи́ца	collar bone
头	голова́	head
头发	во́лос	hair
腿	нога́	leg
臀部	бедро́	hip
胃	желу́док	stomach
膝盖	коле́но	knee

细胞	клéтка	cell
腺	гла́нды	glands
心，心脏	сéрдце	heart
胸腔	грудь/грудна́я клéтка	chest
血液	кровь	blood
牙齿	зуб	tooth
眼睛	глаз	eye
阴道	наги́на/ влага́лище	vagina
阴茎	пéнис	penis
指甲	нóготь	nail
足，脚	ступня́	foot
嘴，口	рот	mouth

■ 看牙

你可能想说……

• 我需要一位（能讲英语的）牙医。	Мне нýжен зубнóй врач (котóрый говори́т по-англи́йски).	I need a dentist (who speaks English).
• 我牙痛	У меня́ боли́т зуб.	I've got toothache.
• 这是我的智齿。	Э́то зуб мýдрости.	It's my wisdom tooth.
• 我牙齿的镶补物掉了。	У меня́ вы́пала плóмба.	I've lost a filling.
• 我的牙冠掉了。	У меня́ слетéла корóнка.	I've lost a crown/ cap.
• 我牙碰坏了。	У меня́ слома́лся зуб.	I've broken a tooth.

• 您能暂时修复(治疗）一下吗？	Вы мóжете залечи́ть врéменно?	Can you fix it temporarily?
• 这需要多少钱？	Скóлько э́то бу́дет стóить?	How much will it cost?

你可能听到……

• Открóйте рот.	请张开嘴	Open wide.
• Прикуси́те.	请咬合。	Close your jaws together.
• Вы (не) берéменны?	您是否怀孕了	Are you pregnant?
• Нáдо постáвить плóмбу.	您需要补牙。	You need a filling.
• Зуб нáдо удали́ть.	我必须给你拔掉这颗牙。	I'll have to take it out.
• Я сдéлаю Вам укóл.	我要给您打针。	I'm going to give you an injection.
• Я постáвлю Вам врéменную...	我要给你放一个临时的…。	I'm going to give you a temporary...
плóмбу.	镶补物	filling.
корóнку.	牙冠	crown.

■ 紧急情况

急救电话号码

火警　01

Пожарная служба（消防队）

匪警　02

Милиция（警察局）

急救 03

Скорая медицинская помощь（医疗救护队）

你可能看到……

Больница	医院	hospital
Медпункт	急救站	first aid
Поликлиника	门诊部	health centre
Приемное отделение	接待处	admissions
Скорая помощь	救护车	ambulance
Травмпункт	急诊室	accident and emergency
Врач	医生	doctor
Медсестра	护士	nurse
Инструкция по применению	使用说明	instructions for use
Наружное/ для наружнего пользования	外用	for external use only
Перед употреблением взбалтывать	用前摇晃	shake before use
яд	毒药	poison

你可能想说……

• 请叫…。	Вы́зовите...	I need...
医生	врача́.	a doctor.
救护车	ско́рую (по́мощь).	an ambulance.
消防队	пожа́рных.	the fire brigade.

警察	мили́цию.	the police.
• 马上！立即！	Неме́дленно!	Immediately!
• 救命！	Помоги́те!	Help!
• 着火了！	Пожа́р!	There's a fire!
• 出事了。	Ава́рия.	There's been an accident.
• 我需要打电话。	Мне на́до позвони́ть.	I have to use the phone.
• 我迷路了。	Я заблуди́лся/заблуди́лась.	I'm lost. *(m/f)*
• 我儿子丢了。	Мой сын потеря́лся.	I've lost my son.
• 我女儿丢了。	Моя́ дочь потеря́лась.	I've lost my daughter.
• 停！	Стоп!	Stop!

你可能听到……

• Где Вы (нахо́дитесь)?	您在哪？	Where are you?
• Ваш а́дрес?	您的地址是什么？	What's your address?

在警察局

你可能想说……

• 对不起，我不知道这是违法的。	Извини́те, я не знал, что э́то противозако́нно.	Sorry, I didn't realise it was against the law.
• 这是我的证件。	Вот мои докуме́нты.	Here are my documents.
• 我没有随身携带护照。	У меня́ нет с собо́й па́спорта.	I haven't got my passport on me.

• 我不明白。	Я не понима́ю.	I don't understand.
• 我没有错。	Я не вино́вен.	I'm innocent.
• 我需要一位（讲英语的）律师。	Мне ну́жен адвока́т (кото́рый говори́т по-англи́йски).	I need a lawyer (who speaks English).
• 我想联系…。	Я хочу́ связа́ться с...	I want to contact my...
大使馆	посо́льством.	embassy.
领事馆	ко́нсульством.	consulate.

你可能听到……

• Ва́ши докуме́нты, пожа́луйста.	请出示您的证件。	Your documents please.
• У Вас есть докуме́нты, удостовер-я́ющие ли́ч-ность?	您有可以证明身份的证件吗？	Have you got any proof of identity?
• Придётся заплати́ть штраф.	您得交罚金	You'll have to pay a fine.
• Пройдёмте со мно́й.	请跟我走。	Come with me.
• Вы aресто́ваны.	您被捕了。	You're under arrest.

■ 报案

你可能想说……

• 我想报告一宗盗窃案件。	Я хочу́ заяви́ть о кра́же.	I want to report a theft.

• 我的…被偷了。	У меня́ укра́ли...	My ... has been stolen.
钱包	кошелёк	purse/wallet
护照	па́спорт	purse/wallet
• 我的汽车被撬了。	У меня́ обокра́ли маши́ну.	My car has been broken into.
• 我的汽车被盗了。	У меня́ угна́ли маши́ну.	My car has been stolen.
• 我的…丢了。	Я потеря́л...	I've lost my...
信用卡	креди́тные ка́рты.	credit cards.
行李	свой бага́ж.	luggage.
• 我被抢劫 / 袭击了。	На меня́ напа́ли.	I've been mugged/ attacked.

你可能听到……

• Ко́гда/где э́то случи́лось?	这件事发生在什么时候 / 在哪儿?	When/where did it happen?
• Что случи́лось?	发生什么事情了?	What happened?
• Как он/а́ вы́глядел/а?	他 / 她看起来什么样?	What did he/she look like?
• Как они́ вы́глядели?	他们看起来什么样?	What did they look like?
• Запо́лните э́тот бланк, пожа́луйста.	请填写这份表格。	Fill in this form please.

你可能想说……

• 这件事发生在…	Э́то случи́лось...	It happened...

五分钟前	пять миню́т наза́д.	five minutes ago.
昨晚	вчера́ ве́чером.	last night.
海滩上	на пля́же.	on the beach.
• 他 / 她有…。	У него́/неё...	He/She had...
金色的头发	бы́ли све́тлые во́лосы.	blonde hair.
刀	был нож.	a knife.
• 他 / 她…。	Он/а был/а́...	He/She was...
高个	высо́кий/ высо́кая.	tall.
很年轻	молодо́й/ молода́я.	young.
个头不高	небольшо́го ро́ста.	short.
• 他 / 她穿着…。	На нём/ней бы́ли...	He/She was wearing...
牛仔裤	джи́нсы.	jeans.
深色帽衫	тёмная ку́ртка с капюшо́ном.	a dark jacket with a hood.

语法速览

■ 名词

名词的性

俄语名词有三种性属：阳性、阴性和中性。非动物名词的性取决于这些词的词尾。阳性名词通常以辅音或者 -й 结尾：стол (桌子)，чай (茶)。阴性名词通常以 -а 或者 -я 结尾：ви́за (签证), фами́лия (姓)。以软音符 -ь 结尾的名词既可以是阳性也可以是阴性。中性名词通常以 -о, -е/ё 结尾：окно́ (窗户), со́лнце (太阳)；有一些中性名词是以 -мя 结尾的：вре́мя (时间)。

名词的数

俄语名词分为单数和复数。名词变成复数时词尾要发生变化。阳性名词和阴性名词最常见的复数词尾是 -ы 或 -и。如：

гости́ница - гости́ницы (旅馆)

ключ - ключи́ (钥匙)

一些阳性名词的复数词尾是 -а。如：

по́езд - поезда́ (火车)

дом - дома́ (房子)

中性名词典型的复数词尾是 -а。如：

ме́сто - места́ (地点)

词尾为 -мя 的中性名词复数为 -ена。如：

и́мя - имена́ (名字)

俄语中有一些常用的名词复数形式不规则。如：

челове́к - лю́ди (人，人们)

ребёнок - де́ти (孩子，孩子们)

有一些词只有复数形式。如：

де́ньги (钱)

名词的格

俄语名词有六个格：第一格、第二格、第三格、第四格、第五格、第六格（имени́тельный, роди́тельный, да́тельный, вини́тельный, твори́тельный, предло́жный падежи́）。名词以不同的形式出现，即不同的词尾，取决于其在句中的作用。词典中列出的形式是第一格，用做句子的主语。第四格用做句子的直接补语，并且用于表示运动方向的前置词 в 和 на 后面。第二格表示所属关系，用于某些前置词后面，如：по́сле（在…之后），без（没有），от（从），из（自，出自），для（为了），о́коло（在…附近），до（直到），у（在…旁边）。第二格也用在мно́го（许多），ма́ло（很少）以及 нет（没有）之后。第三格用做间接补语并用在前置词 к（向）之后，第五格表示行为的方式方法，也用在某些前置词之后，如：с（和…一起），пе́ред（在…前面），под（在…下面），над（在…上方）。第六格用在前置词 о（关于），в（在…里）和 на（在…上）之后。一些名词，通常是外来词，所有的格词尾都不变化，复数也是如此，如：такси́（出租车），кафе́（咖啡馆）。

动物名词

格	阳性		阴性	
	单数	复数	单数	复数
第一格	ма́льчик	ма́льчики	де́вочка	де́вочки
第二格	ма́льчика	ма́льчиков	де́вочки	де́вочек
第三格	ма́льчику	ма́льчикам	де́вочке	де́вочкам
第四格	ма́льчика	ма́льчиков	де́вочку	де́вочек
第五格	ма́льчиком	ма́льчиками	де́вочкой	де́вочками
第六格	ма́льчике	ма́льчиках	де́вочке	де́вочках

мальчик（男孩），девочка（女孩）

阳性非动物名词

格	单数	复数	单数	复数
第一格	стол	столы́	рубль	рубли́

第二格	стола́	столо́в	рубля́	рублей
第三格	столу́	стола́м	рублю́	рубля́м
第四格	стол	столы́	рубль	рубли́
第五格	столо́м	стола́ми	рублём	рубля́ми
第六个	столе́	стола́х	рубле́	рубля́х

стол（桌子）, рубль（卢布）

阴性非动物名词

格	单数	复数	单数	复数
第一格	неде́ля	неде́ли	пло́щадь	пло́щади
第二格	неде́ли	неде́ли	пло́щади	площаде́й
第三格	неде́ле	неде́лям	пло́щади	площадя́м
第四格	неде́лю	неде́ль	пло́щадь	пло́щади
第五格	неде́лей	неде́лями	пло́щадью	площадя́ми
第六格	неде́ле	неде́лях	пло́щади	площадя́х

неделя（周，星期）, пло́щадь（广场）

中性名词

格	单数	复数	单数	复数
第一格	ме́сто	места́	вре́мя	времена́
第二格	ме́ста	мест	вре́мени	времён
第三格	ме́сту	места́м	вре́мени	времена́м
第四格	ме́сто	места́	вре́мя	времена́
第五格	ме́стом	места́ми	вре́менем	времена́ми
第六格	ме́сте	места́х	вре́мени	времена́х

место（地点）, время（时间）

■ 形容词

形容词与其所修饰的名词在性、数、格上保持一致。在词典中，所标注的是形容词阳性单数第一格形式。

形容词的一般词尾是：阳性 **-ый/-ий, -ой**；阴性 **-ая/-яя**；中性 **-ое/-ее**; 复数 **-ые/-ие**。

下面是与非动物名词连用时形容词的变化表。

格	单数（阳性 / 中性）	单数（阴性）	复数
第一格	кра́сный(阳) кра́сное(中)	кра́сная	кра́сные
第二格	кра́сного	кра́сной	кра́сных
第三格	кра́сному	кра́сной	кра́сным
第四格	кра́сный(阳) кра́сное(中)	кра́сную	кра́сные
第五格	кра́сным	кра́сной	кра́сными
第六格	кра́сном	кра́сной	кра́сных

красный (红色的)

格	单数（阳性 / 中性）	单数（阴性）	复数
第一格	после́дний(阳) после́днее(中)	после́дняя	после́дние
第二格	после́днего	после́дней	после́дних
第三格	после́днему	после́дней	после́дним
第四格	после́дний(阳) после́днее(中)	после́днюю	после́дние
第五格	после́дним	после́дней	после́дними
第六格	после́днем	после́дней	после́дних

последний (最后的，最新的)

■ 人称代词

格	单数阳性				复数		
	我	你	他／它	她	我们	你们	他们
第一格	я	ты	он/оно́	она́	мы	вы/Вы	они́
第二格	меня́	тебя́	(н)его́	(н)её	нас	вас	(н)их
第三格	мне	тебе́	(н)ему́	(н)ей	нам	вам	(н)им
第四格	меня́	тебя́	его́	её	нас	вас	их
第五格	мной	тобо́й	(н)им	(н)ей	на́ми	ва́ми	(н)и́ми
第六格	мне	тебе́	нём	ней	нас	вас	них

(н)- 形式用于前置词之后。

■ 物主代词

物主代词不同的格有不同的词尾，它们的变化形式与形容词的变化形式基本相同。

格	阳性／中性单数	阴性单数	复数
第一格	**мой** (阳), **моё** (中)	**моя́**	**мои́**
第二格	**моего́**	**моéй**	**мои́х**
第三格	**моему́**	**моéй**	**мои́м**
第四格	同第一格 * 或第二格 **	**мою́**	同第一格 * 或第二格 **
第五格	**мои́м**	**моéй**	**мои́ми**
第六格	**моём**	**моéй**	**мои́х**

мой（我的）

格	阳性／中性单数	阴性单数	复数
第一格	**наш** (阳), **на́ше** (中)	**на́ша**	**на́ши**
第二格	**на́шего**	**на́шей**	**на́ших**
第三格	**на́шему**	**на́шей**	**на́шим**

第四格	同第一格 * 或第二格 **	на́шу	同第一格 * 或第二格 **
第五格	на́шим	на́шей	на́шими
第六格	на́шем	на́шей	на́ших

наш (我们的)

Твой（你的）与 мой 变化形式相同，ваш（你们的）与 наш 的变化形式一样。Его́（他的，它的），её（她的）和 их（他们的）永远不变化。

* 用于非动物名词

** 用于动物名词

■ 副词

副词通常是去掉形容词词尾再加上-о 构成。

краси́/в-ый → краси́/в-о　(美丽的)

ме́дленн-ый → ме́дленн-о　(慢的)

■ 比较级

比较级的构成是将 бо́лее (更大程度的) 或 ме́нее (更小程度的) 置于相关的形容词前面。这些词不管形容词的性、数、格如何，都保持不变。

比较级的简短形式是去掉形容词词尾再加上-ее 构成，例如：краси́в-ый → краси́вее, бы́стр-ый → быстре́е。比较级形式后面跟名词第二格或者 чем (比)。

最高级的构成是由 са́мый (最大程度的) + 形容词，例如：прия́тный → са́мый прия́тный/са́мая прия́тная/са́мые прия́тные 等 (令人愉快的)。

■ 动词

词典中通常给出动词的不定式形式。俄语的不定式通常以 -ть 结尾，有一些以 -ти 和 -чь 结尾。

俄语动词有两种体：未完成体和完成体。通常都是明显成对的，构成方式是加前缀，或者内部变化，或者改变重音模式。词典中给出动词两种体的形式，用斜线隔开，未完成体在前。

чита́ть/прочита́ть (阅读)

зака́зывать/заказа́ть (订购，订制)

一些常用动词的体的形式源自完全不同的词根。例如：

говори́ть/сказа́ть (说)

брать/взять (拿，取)

未完成体用于指人们不知道动作是否完成，也可指反复性的动作，或者正在进行的动作。完成体描述单个完成的动作并强调结果。

■ 动词时态

动词根据句子的主语不同而有不同的词尾形式。动词遵循两种主要模式，也就是变位。第一变位法动词通常以 -ать 或 -ять 结尾，第二变位法动词以 -ить 结尾。

只有未完成体动词用于现在时。

动词 **рабо́тать** (工作)：

现在时：第一变位法		
я	рабо́та-ю	我工作
ты	рабо́та-ешь	你工作
он/á	рабо́та-ет	他 / 她工作
мы	рабо́та-ем	我们工作
вы	рабо́та-ете	你们工作
они́	рабо́та-ют	他们工作

动词 **говорить** (说)：

现在时：第二变位法		
я	говор-ю́	我说
ты	говор-и́шь	你说

он/á	говор-и́т	他 / 她说
мы	говор-и́м	我们说
вы	говор-и́те	你们说
они́	говор-я́т	他们说

一些常用动词变位不规则，如：

动词 **есть** (吃)：

现在时		
я	ем	我吃
ты	ешь	你吃
он/á	ест	他 / 她吃
мы	еди́м	我们吃
вы	еди́те	你们吃
они́	едя́т	他们吃

动词 **быть** (是) 的现在时形式在俄语中省略。

Я бизнесме́н. 我（是）商人。

Мы из А́нглии. 我们来自英格兰。

Где Ва́ша ви́за? 您的签证在哪?

表示“有”，使用前置词 **у** + 所有者的第二格，后跟：

есть (或省略) 现在时

был/-а/-л/-и 过去时

бу́дет/бу́дут 将来时

所有格形式的补语置于第一格中：

У неё большо́й дом. 她有一所大房子。

动词的过去时是去掉不定式词尾 **-ть** 再加上：

-л 名词阳性单数做主语

-ла 名词阴性单数做主语

-ло 名词中性单数做主语

-ли 名词复数做主语

单一动作的将来时的构成是用完成体现在时的词尾。对于发生在将来的反复动作，或者延续时间，使用动词 **быть** 的变位形式加上相应动词的未完成体不定式，例如：**вспоминáть**（回想起）：

я бýду вспоминáть	我会回想起
ты бýдешь вспоминáть	你会回想起
он/á бýдет вспоминáть	他 / 她会回想起
мы бýдем вспоминáть	我们会回想起
вы бýдете вспоминáть	你们会回想起
они́ бýдут вспоминáть	他们会回想起

■ 否定

要构成否定式，在动词前面加上 **не** 或 **нет**。注意在 **нет** 后使用第二格。

Я (не) тури́ст.	我（不）是旅游者。
Я (не) понимáю.	我（不）明白。

■ 词序

俄语词序相当灵活，最常用的形式是主语—谓语动词—补语。

■ 疑问句

在俄语中可以通过改变语调来进行提问。在有疑问词的疑问句中，无需重新安排句子结构，词序同陈述句，保持不变。

俄汉英词典

A

a 而，可，却，但是，而是（表示对立、不一致、对比） while, and, but

авари́йная слу́жба（阴）抢险服务（部门） breakdown service

ава́рия（阴）事故，遇险 accident, emergency

а́виа(по́чта)（阴）航空（邮件），航空（邮政） air mail

австрали́ец/австрали́йка（阳/阴）澳大利亚人 Australian *(people)*

австрали́йский 澳大利亚的 Australian *(adj.)*

авто́бус（阳）公共汽车 bus, coach

» **авто́бусом** 乘公共汽车 by bus

авто́бусная ста́нция（阴）公共汽车站 bus station

автовокза́л（阳）（市郊或市际）长途汽车站 bus station

автомати́ческий 自动的，自动化的，机械的 automatic

автомоби́ль（阳）汽车 car

автоотве́тчик（阳）电话自动应答装置，自动应答器 answering machine

а́втор（阳）作者 author

автосе́рвис（阳）汽车服务中心 garage *(for repairs)*

автосто́п（阳）旅行者可搭乘顺路汽车的证件，持有这种证件的旅游 hitchhiking

ада́птер（阳）转接器，适配器 adaptor

адвока́т（阳）律师，辩护人 solicitor

а́дрес（阳）地址 address

» **а́дрес для пересы́лки по́чты** 通信地址 forwarding address

аза́ртные и́гры（复）赌博 gambling

алкого́лик（阳）酒鬼，酒徒 alcoholic *(person)*

алкого́ль（阳）酒精，含酒精饮料 alcohol

аллерги́ческий 过敏性的 allergie

алма́з（阳）钻石，金刚石 diamond

америка́нец/америка́нка（阳/阴）美国人 American *(people)*

америка́нский 美国的 American *(adj.)*

англи́йский 英国的 English *(adj.)*

англича́нин/англича́нка（阳/阴）英国人 English *(people)*

А́нглия（阴）英格兰 England

антибио́тик（阳）抗生素 antibiotics

антра́кт（阳）幕间休息 interval *(theatre)*

апте́карь（阳）制药者，药商，药剂师 pharmacist

апте́чка（阴）药箱，急救箱 first aid kit

аре́нда（阴）租赁 hire

» **аре́нда автомоби́лей** 汽车

租赁 car hire
арéст (阳) : **под арéстом** 拘捕 arrest: under arrest
áрмия (阴) 军队，部队 army
аромáт (阳) 香味，风格 scent
архитéктор (阳) 建筑师，建筑学家 architect
аэрозóль (阳) **от мух** 杀蝇喷雾剂（杀虫剂） fly spray
аэропóрт (阳) 机场 airport

Б

бакалéя (阴) 食品店；杂货店 grocer's
балéт (阳) 芭蕾舞 ballet
балкóн (阳) 阳台；包厢，楼座 balcony *(theatre etc.)*
банкнóт (阳) 钞票，纸币 banknote
банкомáт (阳) 自动取款机 cashpoint
бáня (阴) 俄式浴室 Russian baths
бар (阳) 酒吧 bar
барахóлка (阴) 旧货市场 flea market
бассéйн (阳) 游泳池 swimming pool
бастовáть 罢工，罢课，罢市 to be on strike
бéгать, бежáть 跑 to run
бéглый 流畅的 fluent
бéженец/бéженка (阳/阴) 难民，流亡者 refugee
без 没有 without
безалкогóльный 不含酒精的 nonalcoholic
» **безалкогóльный напи́ток** (阳) 软饮料（不含酒精的饮料） soft drink
безрабóтный (阳) 失业者 unemployed
бéлый 白色的 white
бельё (中) 内衣裤 linen
бесплáтно 免费地 free of charge
беспокóить/побеспокóить 打扰，惊扰 to disturb
» **не беспокóить** 请勿打扰 do not disturb
би́знес (阳) 生意，商业活动 business
бизнесмéн/ка (阳/阴) 生意人，商人 businessman/woman
билéт (阳) 票，券，证 ticket
» **билéт в оди́н конéц** 单程票 one-way ticket
» **входнóй билéт** 入场券 entrance ticket
» **обрáтный билéт** 返程票 return ticket
билéтная кáсса (阴) 售票处 ticket office
бинт (阳) 绷带 bandage
бли́зко 很近，附近 near
блонди́н/ка (阳/阴) 淡黄发男子/女子 blonde
блýзка (阴) 女衬衫 blouse
блю́до (中) 菜，菜食，一道菜 dish
блю́дце (中) 茶碟，垫盘，茶托 saucer
бокáл (阳) 大酒杯，高脚杯 glass *(wine)*
болéзненный 痛苦的，令人烦恼的，困难的 painful
болéзнь (阴) 病，疾病 illness
болéть/заболéть 生病，得病

to be unwell
болеутоля́ющее 止痛药 painkiller
боль（阴）痛，疼痛 ache, pain
» **бо́ли**（复）**при менструа́ции** 痛经 period pains
больни́ца（阴）医院 hospital
бо́льно 疼痛地；痛苦地 painfully
больно́й 有病的 sore
бо́льше 多，更多 more
большо́й 大的，多的 large
боя́ться 害怕，恐惧 to be afraid
» **Не бо́йтесь!** 别怕！ Don't be afraid
брат（阳）兄弟；哥哥，弟弟 brother
брать/взять 拿，取，带 to take
» **брать/взять напрока́т** 租用 to hire
брита́нец/брита́нка（阳 / 阴）英国人 British *(people)*
брита́нский 英国的，大不列颠的 British
брошю́ра（阴）传单，小册子 leaflet
брю́ки（复）裤子 trousers
буди́льник（阳）闹钟 alarm clock
бу́ква（阴）字母 letter *(of alphabet)*
бума́жник（阳）皮夹子，钱包 wallet
бума́жные носовы́е платки（复）纸巾 tissues
буты́лка（阴）瓶子 bottle
буфе́т（阳）小吃店，茶点部，小卖部 buffet
бюро́（中）办公室；局，处，所 office
» **бюро́ нахо́док** 失物招领处 lost property office
» **бюро́ путеше́ствий** 旅行社 travel agency

В

в 到，去 in, at, into, to *(destination)*
ваго́н（阳）车厢 carriage *(train)*
валли́ец/валли́йка（阳 / 阴）威尔士人 Welsh *(people)*
валли́йский 威尔士人的，威尔士的 Welsh
валю́та（阴）货币 currency
вани́ль（阴）香子兰 vanilla
ва́нна（阴）淋浴；浴盆 bath, bathtub
ва́нная (ко́мната)（阴）浴室 bathroom
ва́та（阴）原棉，棉花 cotton wool
ваш/Ваш 你们的，您的 your
» **За ва́ше здоро́вье!** 干杯！ Cheers!
вегетариа́нец/вегетариа́нка（阳 / 阴）素食主义者 vegetarian
» **стро́гий вегетариа́нец**（阳）严格的素食主义者 vegan
вегетариа́нский 素食的 vegetarian
век（阳）世纪 century
Великобрита́ния（阴）大不列颠，英国 Great Britain
велосипе́д（阳）自行车 bicycle
ве́ник（阳）扫帚，笤帚；（蒸浴用）

桦条帚 broom, birch twigs *(Russian bath)*
вентиля́тор (阳) 电风扇 fan *(air)*
ве́рный 正确的，准确的 true
ве́тер (阳) 风 wind
» **ве́треный** 刮风的，风多的 windy
ве́чер (阳) 傍晚 evening
» **ве́чером** 在晚上 in the evening
ве́щи (复) 事物，东西 things, belongings
взро́слый (阳) 成年人 adult
взрыв (阳) 爆炸 explosion
взя́тка (阴) 贿赂 bribe
видеть/увидеть 看见 to see
ви́за (阴) 签证 visa
визи́т (阳) 拜访，访问 visit
ви́нный магази́н (阳) 葡萄酒和烈性酒店 wine and spirits shop
вино́ (中) 葡萄酒 wine
винова́тый 有罪的，有过错的 guilty
витри́на (阴) 橱窗，玻璃窗 window (shop)
ВИЧ (阳) 人体免疫功能缺乏症病毒，艾滋病病毒 HIV
» **ВИЧ инфици́рованный** 艾滋病病毒检验呈阳性 HIV positive
включа́ть/включи́ть 接通，打开（电源）to switch on
включено́ 包括 included
вкус (阳) 兴趣，品味，爱好 taste
вку́сный 美味的，好吃的 delicious
владе́лец (阳) 所有者，持有人 owner
вла́жный 潮湿的，湿润的 damp
вме́сте 一起，一块 together
вме́сто 代替，当做 instead of
вне́шний 对外的，国外的 external
внизу́ 在下面，在楼下；在低处 below, downstairs
внук (阳) 孙子 grandson
» **вну́ки** (复) 孙子们 grandchildren
внутри́ 在内部，在里面 inside
вну́чка (阴) 孙女 granddaughter
во вре́мя 在…期间 during
во́время 准时 on time
вода́ (阴) 水 water
води́тельские права́ (复) 驾驶证 driving licence
водосто́йкий 抗水的，耐水的 waterproof
возбуждённый 激动的，激昂的 excited
возвраща́ть(ся)/верну́ть(ся) 返回 to return
» **возвраща́ть/верну́ть де́ньги** 还钱 to refund
возду́шный шар (阳) 气球 balloon
возмо́жно 可能，也许 perhaps
возмо́жный 可能的，也许的 possible
война́ (阴) 战争 war
» **пе́рвая мирова́я война́** 第一次世界大战 World War One

» **втора́я мирова́я война́** 第二次世界大战 World War Two
» **Вели́кая Оте́чественная война́** 伟大的卫国战争 The Great Patriotic War
вокза́л（阳）火车站 main station
во́лосы（复）头发 hair
вопро́с（阳）问题 question
вор（阳）贼，小偷 thief
воспалённый 发炎的，红肿的 inflamed
восто́к（阳）东，东面，东部 east
» **восто́чный** 东部的，东面的 eastern
вот 这个（是）here is/are
вот и всё 就这些 that's all
вот, пожа́луйста 给您 here you are
впереди́ 在前面，在面前 in front of
врач（阳）医生 doctor *(med.)*
вред（阳）损害，伤害 damage
вре́дный 有害的 harmful
вре́менный 临时的，时间的，暂时的 temporary
вре́мя（中）时间，时代，时期 time
» **вре́мя отправле́ния** 出发时间 departure time
все 所有人 everyone, all
всё 全部 everything
» **всё вме́сте** 一直在一起 altogether
» **Всё в поря́дке** 一切正常 All right *(OK)*
всегда́ 永远，经常 always
вспы́шка（阴）闪光灯 flash *(camera)*
встре́ча（阴）见面，相遇，会晤 meeting
встреча́ть/встре́тить 见面，相遇 meet
вход（阳）入口 entrance
» **вход воспрещён** 闲人免进 no admittance
» **вход свобо́дный**（阳）开放入口，免费入场 admission free
» **входить/войти** 进入 to come in
» **Входи́те!** 请进！ Come in!
» **без вы́зова не входи́ть** 非请勿进 do not enter without being called
входна́я пла́та（阴）通行费，入场费 admission charge
вчера́ 昨天 yesterday
вы/Вы 你们，您 you
выбира́ть/вы́брать 选择 to choose
вы́боры（复）选举 election
выключа́ть/вы́ключить 关闭，切断（电源）to switch off
вы́ключен 关闭 off *(TV, light)*
вы́лет（阳）起飞，出发 departure
выле́чивать/вы́лечить 治愈，治好 to cure
вы́печка（阴）面粉糕饼 pastry
высо́кий 高大的，高的 high, tall
высота́（阴）高度，高 height
вы́ставка（阴）展览会 exhibition

вы́ход (阳) 出口 exit
» вы́ход на поса́дку 登机口 gate *(airport)*
выходи́ть/вы́йти 出去，下（车）to go out, to get off *(bus)*
выходи́ть/вы́йти за́муж 出嫁 to get married *(woman)*
выходно́й (阳) 休息日 holiday, day off

Г

газе́та (阴) 报纸 newspaper
газиро́ванный fizzy 充气的
га́лстук (阳) 领带 tie
гардеро́б (阳) 衣柜，存衣室 cloakroom
где 在哪儿 where
где́-нибудь 无论在哪 anywhere
где́-то 在某地 somewhere
гигиени́ческий 卫生的；保健的 hygienic
» гигиени́ческий паке́т (阳) 清洁袋 sick bag
» гигиени́ческие прокла́дки (复) 卫生巾 sanitary towels
гид (阳) 导游 guide *(person)*
гидрокостю́м (阳) 潜水服 wetsuit
гинеко́лог (阳) 妇科学家，妇科医生 gynaecologist
гла́дить/погла́дить 熨平，抚摸 to iron
глубина́ (阴) 深处，深度 depth
глухо́й 耳聋的 deaf
говори́ть/сказа́ть 说话，说 to say, to speak
год (阳), **лет** (复) 年，岁 year
годовщи́на (阴) 周年纪念日 anniversary
головна́я боль (阴) 头痛 headache
голо́дный 饥饿的，挨饿的 hungry
гололёд (阳) 薄冰 ice *(on roads)*
го́лос (阳) 声音，嗓子 voice
голосова́ть/проголосова́ть 投票 to vote
го́лый 光着的，光秃的，裸露的 naked
гомосексуа́льный 同性恋的 homosexual
гонора́р (阳) 稿费，酬金 *fee*
горе́ть/сгоре́ть 燃烧，烧焦 to burn
го́рничная (阴) 女服务员 maid, cleaner
го́рные лы́жи (复) 高山滑雪 downhill skiing
го́род (阳) 城市 city, town
го́рький 苦涩的，苦的 bitter
горя́чий 热的，烫的 hot
господи́н (阳) 先生 Mr
госпожа́ (阴) 女士 Mrs
гости́ница (阴) 宾馆，旅馆 hotel
гость (阳) 客人，宾客 guest, visitor
госуда́рство (中) 国家 state
гото́вить/пригото́вить 准备，做饭 to cook
гото́вый 准备好的 ready
гра́дус (阳)（弧、角）度；度数 degree *(temperature)*
грани́ца (阴) 国境线，边界 border *(frontier)*

» за грани́цей 在国外 abroad

громкий 大声的，喧吵的 loud

гру́бый 粗鲁无礼的，粗暴的，粗陋的 rude

гря́зный 肮脏的；下流的 dirty

гудо́к (阳) 汽笛，喇叭 siren

гуля́ть 散步 to go for a walk

Д

да 是，对 yes

дава́ть/дать 给，提供，供给 to give

» дава́ть/дать взаймы́ 借给…钱 to lend

далеко́ 在远处 far *(away)*

дальнозо́ркий longsighted 远视的，有远见的

дальто́ник (阳) 色盲，色盲患者 colour-blind

да́та (阴) 日期 date *(day)*

движе́ние (中) 运动，活动，移动 movement; 交通 traffic

» односторо́ннее движе́ние 单向道 one-way traffic

двойно́й 双重的 double

дворе́ц (阳) 宫殿 palace

дежу́рный/дежу́рная (阳 / 阴) 值日生，接待员 concierge, receptionist

дезинфици́рующее сре́дство (中) 消毒剂，杀菌剂 disinfectant

дезодора́нт (阳) 除臭药，防臭剂 deodorant

действи́тельный valid 有确实根据的，正当的，有效的

де́лать/сде́лать 创作，做，进行 to do, to make

де́лать/сде́лать поку́пки 购物 shopping, to go shopping

делика́тный 细致的，优雅的 delicate

де́ло (中) 事情 business, affair(s)

» по де́лу 因公务 on business

» Как ва́ши дела́? 您近况如何？ How are you doing?

день (阳), **дни** (复) 天，日 day(s)

день (阳) **рожде́ния** 生日 birthday

» С днём рожде́ния! 生日快乐！ Happy Birthday!

де́ньги (复) 钱 money

дере́вня (阴) 村庄，乡村 village

де́рево (中) 树木 tree, wood

де́ти (复) 孩子们 children

дешёвый 便宜的，廉价的 cheap

» деше́вле 更便宜 cheaper

диабе́тик (阳) 多尿症患者；糖尿病患者 diabetic

диарре́я (阴) 腹泻，泻肚 diarrohea

дивиди (阳) DVD 光盘 DVD

» дивиди-пле́ер (阳) DVD 播放器 DVD-player

дие́та (阴) 规定的饮食，饮食 diet

диза́йнер (阳) 设计师 designer

дипло́м (阳) 毕业证书 diploma

диплома́т (阳) 外交官 diplomat

диск (阳) 光盘，碟片 disc *(computer)*, record

диск-жокéй (阳) 无乐队伴奏夜总会节目主持人（DJ）disk jockey
дискотéка (阴) 迪斯科舞厅 disco
дислéксия (阴) 诵读困难 dyslexia
дичь (阴) 野禽；猎物 game *(wildfowl)*
длинá (阴) 长度 length
дли́нный 长的，长久的 long
дли́ться/продли́ться 持续 to last
для некуря́щих 为不吸烟者提供 non-smoking
до 在…之前 until
До свидáния 再见，再会 goodbye
добивáться/доби́ться успéха 取得成功 to succeed
дóбрый 好的，善良的，友好的 kind *(generous)*
» **Дóброе ýтро!** 早上好！Good morning!
» **Дóбрый вéчер!** 晚上好！Good evening!
» **Дóбрый день!** 日安！你好！Good day!
Добрó пожáловать! 欢迎 Welcome!
довóльный 满意的 pleased, satisfied
договáриваться/договори́ться 商量好 to arrange
» **Договори́лись!** 说定了！Agreed!
договóр (阳) 合约，契约 contract
дождь (阳) 雨，下雨 rain
дóктор (阳) 医生；博士 doctor
докумéнт (阳) 文件，文档，公文 document
долг (阳) 义务，债务 debt
дóллар (阳) 美元，美金 dollar
домáшний 家里做的，自制的 homemade
домáшняя рабóта (阴) 家庭作业 housework
дорóга (阴) 路，道路 road, way
дорогóй 亲爱的，可爱的；贵的 darling, expensive
доставля́ть/достáвить 把…送到 to deliver
достýпный 可通行的，可接近的 affordable
дочь (阴), **дóчери** (复) 女儿 daughter(s)
друг (阳), **друзья́** (复) 朋友 friend(s)
дублёнка (阴) 羊皮大衣 sheepskin coat
дýмать/подýмать 想，思考，考虑 to think
духи́ (复) 香水 perfume
духóвка (阴) 烤箱 oven
душ (阳) 淋浴 shower
дышáть 呼吸 to breathe
дя́дя (阳) 叔叔，舅舅 uncle

Е

еврéйский 犹太人的 Jewish
Еврóпа 欧洲 Europe
европéйский 欧洲的 european
егó 他的，他 his, him
емý 他（第三格）him

едá 食物 food
её 她的，她 hers, her
ежеднéвный 每天的 daily
ежемéсячный 每月的 monthly
еженедéльный 每周的 weekly
ей 她（第二格）to her
éсли 如果 if
» **éсли ...то** 如果…就… if... then
естéственный 自然的，天生的，本能的 natural
есть...? 有…？ is there...?
есть/съесть 吃 to eat
éхать/éздить 乘（车），坐（船），骑（车、马）go *(in a vehicle),* to ride *(bike,horse)*
» **éздить автостóпом** 搭乘顺路汽车 to hitchhike
ехать/поехать домóй 坐车（船）回家 go home *(in a vehicle)*
ещё 还有，还是 still *(yet)*

Ж

жáлоба（阴）诉苦；牢骚；抱怨 complaint
жар（阳）热，发热 fever
жарá（阴）热，炎热 heat
жáреный 炸的，煎的，烤的 fried
жаркий 热的 hot
» **жарко** 热地，炎热地 (it's) hot (weather)
жвáчка（阴）口香糖 chewing gum
ждать 等，等待 to wait (for)
железнодорóжная стáнция（阴）火车站 railway station
железнодорóжный переéзд（阳）铁路的道口 level crossing
женá（阴），**жёны**（复）妻子，老婆 wife
женáт 已婚（指男性）married *(man)*
жени́ться 结婚 to get married *(man)*
жени́х（阳）未婚夫，新郎 bridegroom
жéнский 女性的 female, feminine
жéнский туалéт（阳）女厕所 ladies
жéнщина（阴）女人，妇女 woman
жёсткий 硬的，刚性的，坚硬的 stiff, tough *(meat)*
жёсткий диск（阳）硬盘 hard drive
живóтное（中）动物 animal
жильё（中）住所，住宅，住房 accommodation
жи́рный 油腻的，肥的 fat, greasy
журнáл（阳）杂志 magazine
журнали́ст/ка（阳／阴）记者 journalist

З

за 在…之后 behind
забáвный 滑稽可笑的，有趣的 funny *(amazing)*
забастóвка（阴）罢工 strike
забирáть/забрáть 取，收集，采集 to pick up
заболевáть/заболéть 生病

to fall sick
забыва́ть/забы́ть 忘记，忘掉 to forget
заве́дующий (阳) 经理，管理人员 manager
заво́д (阳) 工厂 factory
за́втра 明天 tomorrow
за́втрак (阳) 早餐 breakfast
зага́р (阳) 晒黑 sun tan
загора́ть/загоре́ть 晒黑 to sunbathe
загружа́ть/загрузи́ть 装满，装载，装入，下载 download
загрязне́ние (中) 污染 pollution
заде́ржка (阴) 停留，停滞 delay
зажига́лка (阴) 打火机 lighter
заинтересо́ванный 对…关心的 interested
зака́з (阳) 订购，订货，订单 reservation, order
зака́занный (зара́нее) 预订的，定做的 reserved
зако́нный 合法的，法定的 legal
закры́то 关门，打烊 closed
заку́ски (复) 小吃，小菜，冷盘 starters *(food)*
зал (阳) **ожида́ния** 候车室 departure lounge
зало́г (阳) 订金，押金 deposit
замёрзший 冰冻的，结冰的 frozen
за́мок (阳) 堡垒，城堡 castle
замо́к (阳) 锁 lock
занаве́ска (阴) 窗帘 curtain
за́мужем 出嫁 married *(woman)*
за́нято 已占用地；忙地 taken, occupied
за́нятый, занято́й 已占用的；无空闲的 busy
запад (阳) 西方，西部，西面 west
» **за́падный** 西面的，来自西方的 western
запасно́й вы́ход (阳) 紧急出口 emergency exit
за́пах (阳) 味道，气味 scent, smell
запира́ть/запере́ть 锁上，插上 to lock
заполня́ть/запо́лнить 填充，充满，填满 to fill in
запра́вка (阴) 加油站 petrol station
зарегистри́роваться 注册，登记 to register
зарезерви́рованный 留做专用的；储备的；预订的 reserved
зарпла́та (阴) 工资 wage
застрахо́ванный 已投保的 insured
» **Вы застрахо́ваны?** 你投保了吗？/ 你买保险了吗？ Are you insured?
заче́м? 为什么（表示目的） why?
звать 称呼，叫 to call
» **Как Вас зову́т?** 你叫什么名字？ What is your name?
» **Меня́ зову́т** 我叫… My name is...
звони́ть/позвони́ть 按铃，打电话 to ring, to telephone
звук (阳) 声音 sound

здáние（中）建筑物，楼房，房屋 building
здесь 在这里 here
здорóвье（中）健康 health
» **За (Вáше) здорóвье!** 为了您的健康干杯！ Cheers!
зéркало（中）镜子 mirror
знак（阳）标志，符号 sign
знамени́тый 著名的，有名的 famous
знать 知道，了解，明白 know
» **Я не знáю.** 我不知道。 I don't know.
знáчить 意味着，所指的是 mean
» **Что э́то знáчит?** 这意味着什么？ What does this mean?
зонт（阳）伞 umbrella
зубнóй 牙齿的，牙的 dental
» **зубнáя боль**（阴）牙疼 toothache
» **зубнáя пáста**（阴）牙膏 toothpaste
» **зубнáя щётка**（阴）牙刷 toothbrush
» **зубнóй врáч**（阳）牙医 dentist
» **зубнóй протéз**（阳）假牙 denture
зубочи́стка（阴）牙签 toothpick

И

и 和 and
иглá（阴）针；注射针 needle
игрá（阴）游戏；演奏，扮演 game *(match)*, playing, performance
идёт: Идёт дождь/снег 下雨，下雪 it's raining/snowing
идти/ходи́ть 走 to go *(on foot)*
идти́/пойти́ домóй 回家 to go home *(on foot)*
из 来自…，从… from
извéстный 有名的，出名的 well-known
извини́те 对不起 excuse me
икóна 圣像画 icon
и́ли... и́ли... 或者…或者… either... or...
имéть 有，拥有 to have
и́мя（中）名字 name
инвали́д（阳）残疾人，丧失劳动能力的人 disabled
инвали́дное крéсло（中）轮椅 wheelchair
индустри́я（阴）工业 industry
иногдá 有时 sometimes
инострáнец/инострáнка（阳/阴）外国人 foreigner
инострáнный 外国的，外国人的 foreign
инстрýкция（阴）手册；指南；说明 instructions, manual
инструмéнт（阳）工具 tool
инсули́н（阳）胰岛素 insulin
интеллигéнтный 有文化修养的；知识分子的 intelligent
интервáл（阳）间隔；幕间休息 interval *(of time)*
интервью́（中）采访 interview
интерéсный 有趣的 interesting
интересовáться/заинтересовáться 感兴趣

to be interested in

» **Я интересу́юсь (чем)** 我对…感兴趣。 I am interested in

интерне́т (阳) 因特网 web *(internet)*

» **интерне́т-кафе́** (中) 网吧 internet café

» **интерне́т-связь** (阴) 网络连接 internet connection

инфе́кция (阴) 传染，感染 infection

информа́ция (阴) 信息 information

ипоте́ка (阴) 抵押 mortgage

ипподро́м (阳) 赛马场 race-course

ирла́ндец/ирла́ндка (阳 / 阴) 爱尔兰人 Irish *(people)*

Ирла́ндия (阴) 爱尔兰 Ireland

ирла́ндский 爱尔兰的 Irish

иска́ть/найти́ 寻找 / 找到 to look for

исключе́ние (中) 除外，例外 exception

» **за исключе́нием** 除…以外 except

иску́сственный 人造的，人工的 artificial

иску́сство (中) 艺术 art

исла́м (阳) 伊斯兰教 Islam

исла́мский 伊斯兰教的 Islamic

исполни́тельный 执行的，有执行权的 executive

испо́льзовать 使用 to use

испо́рченный 腐烂的，堕落的，恶臭的 faulty, rotten

исто́рия (阴) 历史，故事 history, story

их 他们，她们，它们；他们的 they; their, theirs

Й

йо́гурт (阳) 酸奶 yoghurt

йод (阳) 碘，碘酒 iodine

К

ка́бель (阳) **USB** 接口线 USB lead

каблу́к (阳) 脚后跟，后跟 heel *(shoe)*

ка́ждый 每个 each, every

как 怎样 how

» **Как Вас/тебя́ зову́т?** 您 / 你叫什么？ What is your name?

» **Как Вы сказа́ли?** 您说什么？ Pardon?

» **Как дела́?** 近况如何？ How are you doing?

како́й 什么样的，怎么样的 what which

ка́мера (阴) **хране́ния** 行李寄存处 left luggage office

каранда́ш (阳) 铅笔 pencil

карма́н (阳) 口袋，兜 pocket

ка́рта (阴) 地图 map

ка́рта (阴) **па́мяти** 记忆卡 memory card

» **ка́рта** (阴) **па́мяти USB** USB 储存卡 USB stick

карто́фель (阳), **карто́шка** (阴) 土豆 potato

карто́фельные чи́псы (复) 薯条，薯片 potato crisps

ката́ться （乘车、船等）游玩；滑，溜 to go for

» **ката́ться на конька́х** 滑冰 to skate

» **ката́ться на ло́дке** 划船 to go boating

» **ката́ться на лы́жах** 滑雪 to ski

» **ката́ться на са́нках** 滑雪橇 to sleigh

като́к (阳) 冰场，滑冰场 ice rink

като́лик/католи́чка (阳 / 阴) 天主教徒 Catholic *(people)*

католи́ческий 天主教的 Catholic

кафе́ (中) 咖啡馆 café

» **кафе́-моро́женое** (中) 冰激凌店 ice cream parlour

ка́чество (中) 质量 quality

ка́шлять/кашляну́ть 咳嗽 to cough

квита́нция (阴) 发票，回执，收据 receipt

ке́мпинг (阳) 野营 camping

кера́мика (阴) 陶瓷，陶器 pottery

кино́ (中) 电影 cinema

кинозвезда́ (阴) 影星 film star

кипяти́льник (阳) 开水炉，煮水器 water heater

кипяти́ть/вскипяти́ть 煮，烧 to boil

кипято́к (阳) 开水，沸水 boiling water

ки́слый 酸的，酸性的 sour

кла́дбище (中) 墓地，公墓 cemetery

класси́ческий 古典的，古典主义的 classical

» **класси́ческая музы́ка** (阴) 古典音乐 classical music

клаустрофо́бия (阴) 幽闭恐怖症 claustrophobia

кли́ника (阴) 诊所 clinic

клуб (阳) 俱乐部 club

ключ (阳) 钥匙 key

кни́га (阴) 书，书籍 book

кни́жный магази́н (阳) 书店 bookshop

когда́ 什么时候 when

код (阳) 代码，密码 code

кокте́йль (阳) 鸡尾酒 cocktail

коли́чество (中) 数量，数目 amount

колле́га (阳 / 阴) 同事，同行 colleague

колле́дж (阳) 学院 college

кольцо́ (中) 戒指 ring *(jewellery)*

коля́ска (阴) 童车，推车 push-chair

кома́нда (阴) 队伍 team

командиро́вка (阴) 出差 business trip

коми́ссия (阴) 委员会 commission

комме́рческий 商业的，商用的 commercial

ко́мната (阴) 房间 room

компа́кт-диск (阳) CD 光盘 CD

компа́ния (阴) 公司 company

компози́тор (阳) 作曲家 composer

компью́тер (阳) 电脑，计算机 computer

коне́чно 当然 of course

коне́чная ста́нция (阴) 终点站 terminus

ко́нсульство (中) 领事馆 consulate

конта́ктные ли́нзы (复) 隐形眼镜 contact lens

контине́нт (阳) 大陆，陆地 continent

контрацепти́в (阳) 避孕剂，避孕用具 contraceptive

контро́ль (阳) 监督，检查 control *(passport)*

контролёр (阳) 检验员，查票员 ticket inspector

конфере́нция (阴) 会议 conference

конфе́та (阴) 糖果 sweet, chocolate

» **коро́бка** (阴) **конфе́т** 一包糖，一盒糖 box of sweets/chocolates

конце́рт (阳) 音乐会 concert

конце́ртный зал (阳) 音乐厅 concert hall

копе́йка (阴) 戈比 kopeck

короле́ва (阴) 女王 queen

короле́вский 王室的 royal

коро́ль (阳) 国王 king

коро́ткий 短的，短小的 short

кото́рый (阳) **/кото́рая** (阴) / **кото́рое** (中) **/кото́рые** (复) 哪一个 which

ко́фе (阳) 咖啡 coffee

» **ко́фе без кофеи́на** 没有咖啡因的咖啡 decaffeinated coffee

» **ко́фе с молоко́м** 牛奶咖啡 white coffee

» **раствори́мый ко́фе** 速溶咖啡 instant coffee

кран (阳) 开关，水龙头 tap

креди́тная ка́рта (阴) 信用卡 credit card

кре́сло-коля́ска (中) 轮椅 wheelchair

крова́ть (阴) 床 bed

» **односпа́льная крова́ть** 单人床 single bed

» **двуспа́льная крова́ть** 双人床 double bed

кто 谁 who

кто́-нибудь 任何人，无论谁 anyone

кто́-то 某人 someone

кувши́н (阳) 罐子 jug

ку́пол (阳) 圆屋顶，圆盖 dome

купа́льная ша́почка (阴) 浴帽 bathing cap

купа́льник (阳) 游泳衣 swimsuit

кури́ть 吸烟 to smoke

курс (阳) 课程；方针；比率 course *(lessons),* policy, exchange rate

курс валю́ты (阳) 汇率 exchange rate

кусо́к (阳) 一块，一份 piece, slice, lump

» **кусо́к са́хара** 一块糖 sugar lump

» **кусо́к хле́ба** 一块面包 slice of bread

Л

ла́мпа (阴) 灯 lamp

ла́мпочка (阴) 灯，灯泡 light bulb

ланч (阳) 午饭 lunch

ле́вый 左面的，左侧的 left

лёд (阳) 冰 ice

леди (阴) 女士；夫人 lady
лека́рство (中) 药 medicine *(drug)*
ле́кция (阴) 课，讲座 lecture
лени́вый 懒的，懒惰的 lazy
лес (阳) 森林 forest
лесбия́нка (阴) 女同性恋者 lesbian
ле́стничная кле́тка (阴) 楼梯 staircase
лет: Ско́лько Вам лет? 岁：您几岁了？ years: How old are you?
лече́ние (中) 治疗，处置 treatment
ли́бо... ли́бо... 或者…或者… either...or...
лимона́д (阳) 柠檬水 lemonade
ли́ния (阴) 线，线路 line
» ли́ния метро́ 地铁线 underground line
литр (阳) 升 litre
лить 倒，灌 pour
лифт (阳) 电梯 lift
ли́фчик (阳) 胸衣，乳罩 bra
лицо́ (中) 脸，面目，面容 face
ли́чный 私人的，个人的 personal
ложи́ться/лечь 躺 to lie down
ло́жка (阴) 勺子，匙 spoon
лома́ть/слома́ть 折，打断，弄坏 to break
ло́мтик (阳) 切片 slice
лу́чше 最好 better
лучший 最好的 best
лы́жи (复) 滑雪板，滑板，滑雪运动 skiing board, skiing
» го́рные лы́жи 高山滑雪 downhill skiing
» ката́ться на лы́жах 滑雪 to ski
» лы́жная па́лка (阴) 滑雪杖 ski pole
» лы́жные боти́нки (复) 滑雪皮靴 ski boots
» лыжный куро́рт (阳) 滑雪胜地 ski resort
льго́та (阳) 优惠，优待 concession
люби́мый 喜爱的 favourite
люби́ть/полюби́ть 爱，喜爱 to love, to like
лю́ди (复) 人，人们 people

М

магази́н (阳) 商店 shop
ма́ленький 小的 little, small
ма́льчик (阳) 男孩 boy
ма́рка (阴) 邮票 stamp *(postage)*
маршру́т (阳) 路线，路程，航程 route, itinerary
маршру́тка (阴) 小巴士 minibus
ма́сло (中) 油，奶油，黄油；油画 cream, butter, oil
материа́л (阳) 材料，资料 material
матери́к (阳) 大陆 mainland
матра́ц (阳) 垫，床垫，坐垫 mattress
матрёшка (阴) 村姑套娃 Russian doll
матч (阳) 比赛，竞赛 match *(game)*
мать (阴), **ма́ма** (阴) 母亲，妈

妈 mother, mum
маши́на（阴）汽车；机器 car, machine
» **на маши́не** 坐车 by car
ме́бель（阴）家具 furniture
медици́нский 医学的，医疗的 medical
междугоро́дный звоно́к（阳）长途电话 long-distance call
междунаро́дный 国际的 international
ме́лочь（阴）零钱 change *(coins)*
ме́неджер（阳）经理，管理人员 manager
менструа́ция（阴）月经 period *(menstrual)*
ме́ньше 更小，更少 less
меню́（中）菜单 menu
меня 我（第二、四格）me
мёртвый 死的，枯死的，凋谢的 dead, withered
ме́сса（阴）弥撒 mass *(church)*
ме́стный 当地的，地方的 local
ме́сто（中）地方，场所；座位 place, seat
» **на ме́сте** 在…地方 on the spot
ме́сто для купа́ния（中）沐浴区 bathing area
ме́сто для куре́ния（中）吸烟区 smoking area
ме́сяц（阳）月份；月亮 month, moon
ме́сячные（复）月经 period *(menstrual)*
мета́лл（阳）金属，五金 metal
меха́ник（阳）机械员，机械师 mechanic
мили́ция（阴）警察局，公安局 police *(in Russia)*
милице́йская маши́на（阴）警车 police car
милиционе́р（阳）警察 policeman
милый 可爱的，心爱的，亲爱的 dear *(loved)*
мир（阳）世界；和平 world, peace
младе́нец（阳）婴儿 baby
мно́го 许多 many, much
мно́гие 许多人 a lot *(of)*, many
мно́жество 很多，大量 plenty *(of)*
моби́льный телефо́н（阳），**моби́льник**（阳）手机 mobile phone
мо́да（阴）时尚，时髦 fashion
моде́ль（阴）样品，模型；模特 model
моде́м（阳）调制解调器，猫 modem
мой 我的 my, mine *(of me)*
мо́лния（阴）闪电 lightning
молодо́й 年轻的 young
молоко́（中）牛奶 milk
молото́к（阳）锤子，手锤 hammer
моло́чные проду́кты（复）乳制品 dairy products
мо́ре（中）海，海洋 sea
мо́репроду́кты（复）海产品 seafood
моро́женое（中）冰激淋 ice cream
мост（阳）桥，桥梁 bridge

мотоци́кл (阳) 摩托车 motorbike
моча́ (阴) 尿 urine
мочь/смочь 能，能够 can *(to be able)*
мо́ющее сре́дство (中) 洗涤剂 detergent
мо́ющийся 洗的，洗涤的 washable
мра́мор (阳) 大理石 marble
муж (阳) 丈夫 husband
мужско́й 男人的，男性的 male
мужско́й туале́т (阳) 男厕所 gents
музе́й (阳) 博物馆 museum
му́зыка (阴) 音乐 music
му́сор (阳) 垃圾 litter, rubbish
мы 我们 we
мы́ло (中) 肥皂 soap
мыть/помы́ть, вы́мыть 洗，冲洗，洗涤 wash
мышь, мы́шка (阴) 老鼠，小老鼠；鼠标 mouse
мя́со (中) 肉，肉类 meat
мяч (阳) 球 ball

Н

на́бережная (阴) 河岸，沿河岸，堤岸 embankment
набира́ть/набра́ть но́мер 拨号 to dial
наве́рх 往上边，往楼上 up, upstairs
наверху́ 在上边 above, on top of
на вы́нос 带走 to take away
надева́ть/наде́ть 穿上，套上，戴上 to put on
надёжный 可靠的，可信赖的 safe, reliable
на́до 应该 it is necessary
» **мне на́до** 我应该 I need to
» **не на́до** 不需要 don't *(do that)*
нажима́ть/нажа́ть 按，压，推 to press
назначе́ние (中) 任命，指示，命令 appointment, prescription
» **пункт назначе́ния** 目的地 destination
накладна́я (阴) 发票；发货单 invoice
нале́во 左边，向左 to the left
нали́чные (复) 现金 cash
нало́г (阳) 税，捐税 tax
нам 我们（第三格） (to) us
напада́ть/напа́сть на 进攻，攻击，侵犯 to attack, to assault
напи́ток (阳) 饮料 drink
напра́во 右边，向右 to the right
направле́ние (中) 方向，方位 direction
наприме́р 例如，比如说 for example
напро́тив 在…对面 across *(opposite)*
напряже́ние (中) 紧张；电压 tension, voltage
» **высо́кое напряже́ние** 高压；高度紧张 high voltage, high tension
нарко́з (阳) 麻醉，麻醉法 anaesthetic
» **ме́стный/о́бщий** 局部麻醉

/ 全身麻醉 local/general

наркома́н (阳) 吸毒者 drug addict

нарко́тик (阳) 毒品 drug

наро́дная му́зыка (阴) 民族音乐 folk music

нас 我们(第二、四格) us

на себя́ 拉(与“推”相对) pull

насеко́мое (中) 昆虫 insect

наско́лько: наско́лько я зна́ю 多么，到何种程度：据我所知 as far as I know

наслажда́ться/наслади́ться 欣赏，享受 to enjoy

насто́льный те́ннис (阳) 乒乓球 table tennis

настоя́щий 真正的，真的 real *(authentic)*

нау́шники (复) 耳机，听筒 headphones

находи́ть/найти́ 找到 to find

национа́льность (阴) 民族 nationality

национа́льный 民族的，国家的 national

начина́ть/нача́ть 开始 begin, to start

наш 我们的 our/ours

НДС (阳) 增值税 VAT

не 没有，不 not

» **не кури́ть** 禁止吸烟 no smoking

» **не рабо́тает** 出故障；关门，打烊 out of order, closed

» **не фотографи́ровать** 禁止拍照 no photography

неве́ста (阴) 新娘，未婚妻 bride, fiancée

невино́вный 无罪的，无知的，不懂事的 innocent

невозможный 不可能的 impossible

неде́ля (阴) 周，星期 week

недоста́ток (阳) 缺点，不足 fault

нежена́тый/не за́мужем (阳 / 阴) 未婚的 unmarried

нежи́рный 不肥的 low-fat

незави́симый 独立的 independent

нездоро́вый 不健康的 unwell

незнако́мец/незнако́мка (阳 / 阴) 陌生人，不认识的人 stranger

не́кто 某个人 someone

ненави́деть 憎恨 hate

необходи́мый 必须的，必要的 necessary

необы́чный 不同寻常的，不一般的 unusual

непло́хо 不坏 (it's) not bad

непослу́шный 顽皮的，不听话的 naughty

непра́вильный 错误的，不对的，不正确的 wrong

неприя́тный 不愉快的 unpleasant

непромока́емый 防水的，不透水的 waterproof

не́рвный 神经紧张的，神经的 nervous

неро́вный 不平坦的，不均匀的 uneven *(surface)*

несваре́ние (中) 消化不良 indigestion

не́сколько 几个 few, several

несча́стный 不幸的 unhappy
» **несча́стный слу́чай** (阳) 不幸的事件 accident
нет 没有，不存在 no
неуда́ча (阴) 不成功，挫折，失败 failure
неуда́чный 不成功的，屡受挫折的 unsuccessful
неудо́бный 不舒服的 uncomfortable
неформа́льный 非正式的，通俗的，不拘礼的 informal
нечётный 奇数的 odd *(not even)*
не́что 一些东西，某事，某物 something
неэтилли́рованный 无铅的 lead-free
ни... ни... 既不…也不… neither... nor...
нигде́ 任何地方也不 nowhere
ни́жнее бельё (中) 内衣 underwear
ни́жний 下面的，下边的，下层的 lower
низкий 低的，低度的 low
» **низкокалори́йный** 低卡的，低热量的 low-calorie
никогда́ 永远不，从来不 never
никто́ 没有谁，任何人也（没有） nobody, none
ни́тки (复) 线；棉线 cotton *(thread)*
ничто́ 什么也（不） nothing
но 但是，可是 but
но́вости (复) 新闻，新消息 news
но́вый 新的 new
» **Но́вый год** 新年 New Year's Day
» **С Но́вым го́дом!** 新年快乐！ Happy New Year!
но́жницы (复) 剪子，剪刀 scissors
носи́ть/нести́ 拿，带，携带 to carry
носово́й плато́к (阳) 手帕 handkerchief
ноутбу́к (阳) 笔记本，手提电脑 laptop
ночно́й клуб (阳) 夜总会 nightclub
ночь (阴) 夜晚，夜里 night
нра́виться 喜欢 to like
» **мне нра́вится** 我喜欢 I like
нужда́ться 需要 to need
ну́жно 需要 to have to
» **Вам ну́жно...** 您需要 you have to...
ну́жный 需要的 necessary
ню́хать/поню́хать 闻，嗅 to smell
ня́ня (阴) 保姆，照看孩子的人 nanny, babysitter

О

о, об 关于 about *(relating to)*
о́ба (阳 / 中) /**о́бе** (阴) 两个 both
обвиня́ть/обвини́ть 指责，把…归咎于 to accuse
обе́д (阳) 午饭 lunch, dinner
обе́дать/пообе́дать 吃午饭 to have lunch, dinner
обе́денный переры́в 午休 lunch break
обезжи́ренный 脱脂的，去脂

的 low-fat
обещáть/пообещáть 保证，承诺 to promise
оби́женный 委屈的 offended
óбласть (阴) 州，地区 region
областнóй 地方的，地域性的 regional
óблачный 多云的，有云的 cloudy
обмéнивать/обменя́ть 兑换 to change *(money)*
обмéнный курс (阳) 汇率 exchange rate
обморожéние (中) 冻伤 frost bite
обрáтный билéт (阳) 返程票 return ticket
обслу́живание (中) **номеров** 送餐服务 room service
обслу́живать/обслужи́ть 服务 to serve
обы́чно 通常 normally
обы́чный 通常的，平常的 ordinary
обязáтельный 义务的；强制的，必须的 compulsory
óвощи (复) 蔬菜 vegetables
огнетуши́тель (阳) 灭火器 fire extinguisher
огóнь (阳) 火 fire
ограблéние (中) 掠夺行为，强盗行为 robbery
ограничéние (中) **скóрости** 限速 speed limit
ограни́ченный 限制的，有限的 limited
одéжда (阴) 衣服，服装 clothes
однáжды 有一次 once
озóнный слой (阳) 臭氧层 ozone layer
окнó (中) 窗户，窗子 window
окрáина (阴) 近郊，市郊 outskirts
окружáющая средá (阴) 环境 environment
окружённый 被包围的 surrounded by
оку́рки 烟头 cigarette ends
олéнь (阳) 鹿 deer
он 他 he
онá 她 she
они 它们，他们，她们 they
онó 它 it
опáздывать/опоздáть 迟到 to be late
опáсность (阴) 危险 danger
опáсный 危险的 dangerous
опу́хший 膨胀的；涨起的；因病肿胀的 swollen
óпыт (阳) 经验；实验 experience
опя́ть 又，重新 again
организóванный 有组织的 organised
орéх (阳) 坚果，核桃 nut
осмóтр (阳) 检查；参观 examination, check-up; visit
» осмóтр достопримечáтельностей 参观名胜古迹 sightseeing
осóбенность (阴) 特点，特征，特殊性 speciality
оставáться/остáться 剩下，留下；仍然是 to remain
останáвливаться/останови́ться 住；停止，终止 to stay *(live)*, to stop
останóвка (阴) （公共汽车）站

stop *(bus)*
Осторо́жно! 小心！ Watch out!
Осторо́жно! Зла́я соба́ка! 小心恶狗！ Beware of the dog!
Осторо́жно! Окра́шено! 小心，油漆未干！ Wet paint!
осторо́жный 谨慎的，小心的 careful
о́стров（阳）岛，岛屿 island
о́стрый 尖的，锋利的 sharp
отбе́ливатель（阳）漂白粉，漂白剂 bleach
отва́ливаться/отвали́ться 脱离，分离 to come off
отве́т（阳）回答，回复 answer
отделе́ние（中）分部，分支机构 branch *(bank)*
» **отделе́ние мили́ции** 公安派出所 police station
оте́ль（阳）宾馆 hotel
оте́ц（阳）父亲 father
откла́дывать/отложи́ть 推迟，延迟，使延期 to postpone
отклоне́ние（中）转移，绕行 diversion
отключа́ть/отключи́ть 切断 to cut *(power)*
открыва́ть/откры́ть 打开 to open
откры́тка（阴）明信片 post-card
откры́тый 打开的，敞开的，露天的 open
отменя́ть/отмени́ть 取消，停止，废除 to cancel
отопле́ние（中）取暖，供暖 heating
отправле́ние（中）寄，发，送 dispatch
отправля́ть/отпра́вить по по́чте 邮寄 to post
о́тпуск（阳）假期，休假 holiday
отравле́ние（中）食物中毒，毒害，毒死 food poisoning
отста́вка（阴）辞职，辞呈；退休 resignation, retirement
» **в отста́вке** 退休 retired
официа́льный 正式的，官方的 official
официа́нт/ка（阳 / 阴）侍者，服务员 waiter/waitress
охо́титься 打猎 to hunt
охра́нник（阳）警卫，守卫人员 security guard
о́чень 非常，很 very
о́чередь（阴）次序，顺序；队伍 order, queue
» **стоять в о́череди** 排队 to queue (for)
очки́（复）眼镜 spectacles
» **очки́ от со́лнца** 太阳镜 sunglasses
ошиба́ться/ошиби́ться 犯错，弄错 to make a mistake
оши́бка（阴）错误 mistake
оши́бочный 错误的 faulty
ошпа́ривать/ошпа́рить（用开水）浇，烫 to scald

П

па́дать/упа́сть 掉下，落下，跌倒 to fall
паке́т（阳）袋子，包 packet, carrier bag

пала́тка (阴) 帐篷 tent
» **жить в пала́тке** 住在帐篷里 to camp
пала́точный городо́к (阳) 野营地 campsite
пальто́ (中) 大衣 coat
па́мятник (阳) 纪念碑 monument
па́мять (阴) 记忆力，记性 memory
пансио́н (阳) 家庭旅馆（供膳宿的）guest house
» **по́лный пансио́н** (阳) 全寄宿 full board
» **полупансио́н** (阳) 半寄宿 half board
папа (阳) 爸爸 dad
Па́па Ри́мский 罗马教皇 Pope
па́пка (阴) 文件，档案 file *(documents)*
пари́лка (阴)，**парна́я** (阴) 蒸汽浴室 steam-room *(Russian bath)*
па́риться/попа́риться 洗蒸汽浴 to steam, sweat out *(Russian bath)*
парово́й котёл (阳) 蒸汽锅 boiler
па́ра (阴) 一对，一副 couple, pair
парализо́ванный 瘫痪的；呆若木鸡般的 paralysed
парикма́хер (阳) 美容师，理发师 hairdresser
парикма́херская (阴) 理发店 barber's
парк (阳) 公园 park
» **парк культу́ры и о́тдыха** 主题公园 theme park
паркова́ться/припаркова́ться 停车 to park
парла́мент (阳) 议会 parliament
па́ртия (阴) 政党 party *(political)*
па́русный спорт (阳) 帆船运动 sailing
па́спорт (阳) 护照 passport
па́спортный контро́ль (阳) 护照检查 passport control
пассажи́р (阳) 乘客 passenger
Па́сха (阴) 复活节 Easter
» **пасха́льное яйцо́** 复活节的彩蛋 Easter egg
пеницили́н (阳) 青霉素 penicillin
пенсионе́р/ка (阳/阴) 领养老金者；退休者 pensioner
пе́пельница (阴) 烟灰缸 ashtray
пе́рвая по́мощь (阴) 急救 first aid
переводи́ть/перевести 翻译 to interpret, to translate
перево́дчик/перево́дчица (阳/阴) 翻译，译者 interpreter, translator
переезжа́ть/перее́хать 搬迁，搬往 to move house
переносно́й 可移动的，可搬运的 portable
перепо́лненный 拥挤的，挤满人群的 crowded
перо́ (中)，**пе́рья** (复) 羽毛 feather
перча́тки (复) 手套 gloves

пéсня（阴）歌，歌曲 song
песóк（阳）沙，沙子；沙滩 sand, sands
петь/спеть 唱，唱歌 to sing
печáтать/напечáтать 印刷，打字 to print, to type
пешкóм 步行 on foot
пианúно（中）钢琴 piano
пивнóй бар（阳）啤酒吧 bar, beer cellar, pub
пúво（中）啤酒 beer
ПИН код 个人识别码 PIN number
писáть/написáть 写，书写 to write
» **писáть/написáть e-máil** 写邮件 to email
пить/вы́пить 喝，饮 to drink
питьевáя водá（阴）饮用水 drinking water
плáвание（中）游泳 swimming
плáвать 游泳 swim
плáвки（复）泳裤 swimming trunks
пластмáссовый 塑胶的；塑料袋 plastic; plastic bag
плáстырь（阳）石膏，膏药 plaster
плáта（阴）酬金，工资 fee
» **плáта за обслýживание** 服务费 service charge
» **плáта за проéзд** 路费 fare
платúть/заплатúть 付，支付 to pay
» **платúть/заплатúть нали́чными** 现金支付 to pay cash
платфóрма（阴） 站台 platform
плащ（阳）雨衣 raincoat
племя́нник（阳）侄子，外甥 nephew
племя́нница（阴）侄女，甥女 niece
плóмба（阴）（镶牙的）充填物 filling *(tooth)*
плохóй 坏的，不好的 bad
площáдка（阴）院子，广场 ground
плóщадь（阴）广场，面积 square, area *(measurement)*
пляж（阳）海滩，海滨游泳场 beach
поворáчивать/повернýть 转向，转动 to turn
повторя́ть/повторúть 重复，复习 to repeat
погóда（阴）天气 weather
под 在…下面 under
подáрок（阳）礼物 gift
подпúсывать/подписáть 签名，签署，签订 to sign
пóдпись（阴）签名，签字 signature
подрóсток（阳）十几岁的青少年 teenager
подрýга（阴）女朋友 friend *(female)*, girlfriend
подтверждáть/подтвердúть 确定；确认 to confirm
подýшка（阴）靠枕，枕头 cushion, pillow
пожáлуйста 请 please
пожáр（阳）火灾 fire
пожáрные（复）消防队员 fire brigade
пóздний 迟的，晚的 late

» **по́зже** 更晚 later
Поздравляю! 祝贺你！ Congratulations!
Пойдёмте! 走吧！一起走吧！ Let's go!
пока́з（阳）示范；展示 demonstration
пока́зывать/показа́ть 展示 to show
покупа́тель（阳）购买者，消费者 customer
покупа́ть/купи́ть 买，购买 to buy
поли́тик（阳）政客，政治家 politician
поли́тика（阴）政治 politics
полиэтиле́новый паке́т（阳）塑料袋 plastic bag
полови́на（阴）一半 half
полоте́нце（中）毛巾 towel
помога́ть/помо́чь 帮助 to help
» **Помоги́те!** 救命！ Help!
по-мо́ему 依我看 in my opinion
понима́ть/поня́ть 了解，明白 to understand
поно́с（阳）腹泻 diarrhoea
поп（阳）牧师，僧侣，神父 priest *(Orthodox)*
поп-му́зыка（阴）流行音乐 pop music
по́рванный 撕破的，撕碎的 torn
поре́занный на куски 切成薄片的 sliced
поре́заться 割伤自己 to cut oneself
посети́тель（阳）访问者，访客 visitor
посеща́ть/посети́ть 拜访，参观，访问 to visit
по́сле 之后；随后 after
после́дний 最后的；最新的 last
послеза́втра 后天 the day after tomorrow
посо́льство（中）大使馆 embassy
посыла́ть/посла́ть 派遣，寄出 to send
» **посыла́ть/посла́ть SMS** 发信息，发短信 to text
посы́лка（阴）包裹；邮包 parcel
поте́рянный 失去的，遗失的 lost
поте́ть/вспоте́ть 出汗；焦虑，烦恼；结水珠 to sweat
пото́м 然后 afterwards, then
потому́ что 因为 because
похища́ть/похи́тить 劫机；劫持 to hijack, kidnap
похме́лье（中）残留物 hangover
по́хороны（复）葬礼；出殡 funeral
поцелу́й（阳）吻 kiss
почему́ 为什么 why
пра́вда（阴）真理 truth
» **Э́то пра́вда** 这是正确的。 That's true.
пра́вильный 正确的 correct
прави́тельство（中）政府 government
правосла́вный 东正教的 Orthodox
пра́вый 右边的 right

» **Вы (не) пра́вы** 你（不）正确。 You are (not) right.
» **с пра́вой стороны́** 从右边 right-hand side
представле́ние（中）演出，上演 performance
представля́ть/предста́вить 演出，上演；提出，呈报 to perform, to introduce
предупрежда́ть/предупреди́ть 警告，预先通知 to warn
презервати́в（阳）避孕套 condom
президе́нт（阳）总统；董事长，总裁 president
прекра́сный 美丽的，出色的 beautiful
премье́р-мини́стр（阳）总理 prime minister
пре́сса（阴）报刊；记者们；新闻界 press *(newspapers)*
приблизи́тельно 大概；近乎 approximately
прибыва́ть/прибы́ть 到达，抵达 to arrive
при́быль（阴）利润 profit
прибы́тие（中）到达 arrival
Приве́т 你好！ Hello!
приви́вка 接种疫苗；种痘 vaccination, jab
привлека́тельный 吸引人的；有魅力的 attractive
приглаша́ть/пригласи́ть 邀请 to invite
приглаше́ние（中）邀请，请柬 invitation
при́город（阳）市郊 suburb
приме́р（阳）例子，实例 example
» **к приме́ру** 举个例子，例如 for example
прия́тный 美好的，令人舒服的 nice
» **Прия́тного аппети́та!** 祝你好胃口！ Enjoy your meal!
пробива́ться/проби́ться 接通；挤过去 to get through *(phone)*
про́бка（阴）塞子；堵车 plug *(sink)*, cork; traffic jam
пробле́ма（阴）问题，麻烦 problem
продава́ть/прода́ть 卖，出售 to sell
про́дано 售罄 sold out
произноси́ть/произнести́ 说出；发音 pronounce
прока́т（阳）租赁，出租 rental, hire
про́пуск（阳）通行证 pass, hotel card
проспе́кт（阳）大街，大马路 brochure, avenue
прости́те 对不起 I'm sorry
просту́да（阴）感冒 cold
простыва́ть/просты́ть 受凉，着凉 to have a cold, to get cold
» **Я просты́л/а**（阳/阴）. 我着凉了。 I've caught a cold.
простыня́（阴）床单 sheet *(for bed)*
про́сьба（阴）请求 request
протеста́нтский 新教的；新教徒的 Protestant
протеста́нтка（阳/阴）新教徒 Protestant *(people)*

профе́ссия (阴) 职业 profession
профе́ссор (阳) 教授 professor
профсою́з (阳) 工会 trade union
про́шлый 过去的 past
» в про́шлом 在过去 in the past
пря́мо 一直，笔直地，直接 straight on
пуга́ть/испуга́ть 吓唬，恐吓 to frighten
пу́говица (阴) 纽扣；按钮 button
пусто́й 空的，空洞的 empty
путеводи́тель (阳) 指南，手册，游览图 guidebook
путеше́ствие (中) 旅行，旅游 journey
путеше́ствовать 旅行，旅游 to travel
пыль (阴) 灰尘，粉末，尘埃 dust
пы́льный 满是灰尘的，积满灰尘的 dusty
пыта́ться/попыта́ться 尝试，试图 to try
пьёса (阴) 话剧 play *(theatre)*
пья́ный 喝醉了的 drunk
пятно́ (中) 斑点，污点 spot, stain
пя́тновыводи́тель (阳) 去污剂，洗漆剂 stain remover

Р

рабо́та (阴) 工作 job, work
рабо́тать 工作 work *(job, function)*
» не рабо́тает 不工作，不营业 out of order, closed
рабо́чий день (阳) 工作日 weekday
равви́н (阳) 犹太教祭司；法师，大师 rabbi
ра́вный 相等的，平等的 equal
ра́д/а познако́миться (阳/阴) 很高兴认识你 pleased to meet you
радиа́тор (阳) 散热器 radiator
ра́дио (中) 无线电通信，无线电广播设备 radio
радиоакти́вный 放射性的，有辐射能的 radioactive
радиоста́нция (阴) 广播站 radio station
разведённый 离了婚的 divorced
развлече́ние 娱乐表演；娱乐 entertainment
развора́чиваться/разверну́ться 倒（车）；转弯，改变方向 to reverse *(car)*
разгова́ривать 讲，说；讲话 to talk
разгово́рник (阳) 会话课本，会话手册 phrase book
разме́р (阳) 大小；尺码 size
» разме́р о́буви 鞋码 shoe size
ра́зный 不同的 different
разреше́ние (中) 通行证，执照，许可证 permit, licence *(fishing etc.)*
райо́н (阳) 区域，地方 district
рак (阳) 癌症 cancer
ра́но 很早 early
ра́ньше 从前 before, earlier

расписа́ние (中) 时刻表；时间表；课程表 timetable *(train)*
распрода́жа (阴) 出清货底，抛售 sale *(bargains)*
расска́зывать/рассказа́ть 讲述，描述 to tell
рассто́яние (中) 距离，间距，间隔 distance
рвота (阴) 呕吐；呕吐出的东西 vomiting
» **рвать/вы́рвать** 呕吐 to vomit, to be sick
» **Меня вы́рвало** 我呕吐 I was sick
ребёнок (阳) 孩子 child
регио́н (阳) 区域，地区，地方 region
региона́льный 地方的，地域性的 regional
регистрату́ра (阴) 登记处，注册科，收发室，挂号处 reception
регистрацио́нная сто́йка (阴) 办理登机手续（服务台） check-in *(desk)*
регистри́роваться/зарегистри́роваться 登记，注册 to check in
ре́зать 切，割，剪 to cut
результа́т (阳) 结果 result
рейс (阳) 航程，航行，航班 sailing, flight
река́ (阴) 河，河流 river
рекла́ма (阴) 广告，招贴，广告式宣传 advertisement, advertising
рекомендова́ть/порекомендова́ть 推荐，介绍，建议 to recommend
рели́гия (阴) 宗教 religion
ремонти́ровать/отремонти́ровать 修理 to repair
рентге́н (阳) 伦琴射线 X-ray
рестора́н (阳) 餐厅，饭店，饭馆 restaurant
реце́пт (阴) 食谱；处方；烹饪法 prescription, recipe
реша́ть/реши́ть 决定 to decide
ржа́вый 生锈的，腐蚀的 rusty
ро́вный 平的，平坦的 even, flat
роди́тели (复) 父母 parents
роди́ться 出生，诞生 to be born
рожде́ственская ёлка (阴) 圣诞树 Christmas tree
Рождество́ (中) 圣诞节 Christmas
» **С Рождество́м!** 圣诞节快乐！ Merry Christmas!
разливно́е пи́во (中) 散装啤酒 draught beer
Росси́я (阴) 俄罗斯 Russia
рост (阳) 身高 height *(of person)*
рубль (阳) 卢布 rouble
ружьё (中) 枪 gun
Рука́ми не тро́гать! 请勿手摸！ Do not touch!
ру́сский 俄罗斯的 Russian
ру́сский /ру́сская (阳 / 阴) 俄罗斯人 Russian *(people)*
ры́нок (阳) 市场 market
рюкза́к (阳) 背囊，背包 rucksack

рю́мка (阴) 高脚玻璃酒杯 wine glass

ря́дом 并排地，紧挨着地 close, next to

С

с 和，与，同，带 with

сад (阳) 花园 garden

сади́ться/сесть 坐下 to sit *(down)*

салфе́тка (阴) 餐巾纸 napkin

самова́р (阳) 茶炊 samovar

са́ни (复) 雪橇 toboggan, sledge, sleigh

са́уна (阴) 蒸汽浴，桑拿浴 sauna

са́хар (阳) 糖 sugar

сва́дьба (阴) 婚礼 wedding

све́жий 新鲜的 fresh

светофо́р (阳) 交通信号灯 traffic light

свяще́нный 神圣的，圣洁的 holy

сгни́вший 腐烂的，堕落的，恶臭的 rotten

сде́лан(о) вручну́ю 手工制造 hand made

сде́лка (阴) 契约，协定 bargain *(deal)*

се́вер (阳) 北部，北方 north

» **се́верный** 北方的 northern

сего́дня 今天 today

» **сего́дня ве́чером** 今晚 tonight

сезо́н (阳) 季节 season

сейча́с 现在，立刻 now

секрета́рь (阳) 秘书，书记 secretary

секс (阳) 性，色情 sex *(intercourse)*

секу́нда (阴) 秒；瞬间，片刻 second *(time period)*

се́льская ме́стность (阴) 乡下 countryside

семья́ (阴) 家，家庭 family

серде́чный при́ступ (阳) 心脏病发作 heart attack

серебро́ 银，银器，银币 silver

» **сере́бряный** 银的；含银的；镀银的；银色的 silver *(adj.)*

сза́ди 在…后面，从…后面 behind

сига́ра (阴) 雪茄 cigar

сигаре́та (阴) 香烟 cigarette

сиди́ (阳) CD，激光唱片 CD

» **сидиро́м** (阳) CD-Rom CD-Rom

сим-ка́рта (阴) SIM 卡 SIM card

синаго́га (阴) 犹太人集会，犹太教会堂 synagogue

ско́льзкий 滑的 slippery

ско́лько? 多少 how many/much?

» **Ско́лько э́то сто́ит?** 这个值多少钱？ How much does it cost?

ско́рая по́мощь (阴) 救护车 ambulance

скуча́ть 思念，想 to miss *(nostalgia)*

» **скуча́ть по до́му** 想家 to be homesick

сла́дкое 甜点 dessert

сле́довать/после́довать 跟随，遵循 to follow

сле́дующий 下一个的 next

слепо́й 盲目的，不加思考的；瞎的 blind
сли́шком 太，非常 too
» **сли́шком до́рого** 太贵 too expensive
слова́рь（阳）字典 dictionary
сло́во（中）字，词 word
сло́манный 坏掉的，断掉的，打破的 broken
слухово́й аппара́т（阳）助听器 hearing aid
случа́йно 偶然地 by chance
слу́шать/послу́шать 听 to listen (to)
слы́шать/услы́шать 听到，听见 to hear
смерте́льный 致命的；命运注定的 fatal
смерть（阴）死亡，死 death
смех（阳）笑；笑声；玩笑 laugh
сме́шанный 混合的，形形色色的 mixed
смо́кинг（阳）夹克，护套，外套 dinner jacket
смотре́ть/посмотре́ть 看，欣赏 to watch, to look (at)
смуща́ть/смути́ть 使不安，使难为情 to embarrass, to confuse
снару́жи 从外面，在外面 outside
снег（阳）雪 snow
снегови́к（阳）雪人 snowman
сне́гоочисти́тель（阳）除雪机，扫雪机 snowplough
снегопа́д（阳）降雪 snowfall
снежи́нка（阴）雪花 snowflake
сниже́ние（中）减少 cut *(reduction)*
снима́ть/снять 脱，脱下 to take off *(clothes)*
» **снима́ть/сня́ть (кварти́ру)** 租房 to rent *(a flat)*
сно́ва 又，重新 again
соба́ка（阴）狗 dog
собесе́дование（中）面试 interview *(job)*
собо́р（阳）大教堂 cathedral
совеща́ние（中）会议 conference, meeting
совреме́нный 现代的，时髦的 modern, up-to-date
сожале́ние: к сожале́нию 惋惜地，遗憾地 unfortunately
сок（阳）果汁 juice
солда́т（阳）士兵 soldier
солёный 有盐分的，咸味浓的 salty
со́лнечный 阳光充足的；和煦的 sunny
» **со́лнечный ожо́г**（阳）晒伤 sunburn
» **со́лнечный уда́р**（阳）中暑 sunstroke
со́лнце（中）太阳 sun
соло́минка（阴）稻草，麦秆；吸管 straw *(drinking)*
соль（阴）盐 salt
сообще́ние（中）通知；信息 message
сосе́д/ка（阳 / 阴）邻居；同桌 neighbour
сосе́дний 邻居的，相邻的 nearby
социалисти́ческий 社会主义的 socialist

социали́зм (阳) 社会主义 socialism
спа́льня (阴) 卧室 bedroom
спаса́ть/спасти́ 挽救，营救，救出 rescue
спаси́бо (большо́е) 谢谢（多谢） thank you (very much)
спать 睡觉 to sleep
спекта́кль (阳) 戏剧 performance *(theatre)*
специали́ст (阳) 专家 specialist
специа́льный 特别的 special
» **специа́льное предложе́ние** (中) 特别推荐 special offer
спеши́ть 急忙，匆忙 to be in a hurry
» **в спе́шке** 很着急 in a hurry
СПИД (阳) 艾滋病（获得性免疫功能丧失综合症） AIDS
спиртно́е (中) 白酒，酒精 spirits *(alcohol)*
спорт (阳) 体育 sport
спра́вочный стол (阳) 信息服务台，咨询台 information desk
сра́зу же 立即，马上 at once
сре́дний 中间的；中部的；中等的 medium *(size)*
сре́дних лет 中年 middle age
срок го́дности (阳) 保质期，使用期 expiry date
сро́чный 紧急的 urgent
стадио́н (阳) 体育场 stadium
стака́н (阳) 杯子，玻璃杯 glass *(tumbler)*
сталь (阴) 钢 steel
ста́нция (阴) 车站 station
старт (阳) 开始 start
ста́рше 更老地，更大地 older
ста́рый 老的，年长的，旧的 old
ста́туя (阴) 雕像，塑像 statue
стекло́ (中) 玻璃 glass *(substance)*
» **стекля́нный** 玻璃的 glass
стена́ (阴) 墙 wall
сте́рлинг (阳) : **фунт сте́рлингов** 英镑 sterling: pound sterling
стира́ть/постира́ть 洗，洗涤 to wash *(clothes)*
сто́имость (阴) 价值，成本，费用 charge, cost
сто́ить 价值为，价格为 to cost
» **Э́то сто́ит.** 这值得。 It's worth it.
» **Э́то не сто́ит.** 这不值得。 It's not worth it.
стол (阳) 桌子 table
столи́ца (阴) 首都 capital *(city)*
столо́вая (阴) 食堂 dining room, canteen
столо́вые прибо́ры (复) 餐具 cutlery
стомато́лог (阳) 牙科医生 dentist
Стоп! 停！ Stop!
стоя́нка 停车场 car park
» **стоя́нка** (阴) **такси́** 出租汽车停车场 taxi rank
стоя́ть 站，站立 to stand
страна́ (阴) 国家 country
страхо́вка (阴) 保险，保险费，保险业 insurance
стри́жка (阴) 理发 haircut

студе́нт/ка (阳 / 阴) 大学生 undergraduate *(student)* (阳 / 阴)
стул (阳) 椅子 chair
субти́тры (复) (电影、电视的) 字幕 subtitles
сувени́р (阳) 纪念品 souvenir
сугро́б (阳) 雪堆 snowdrift
суд (阳) 法院 court *(law)*
су́дорога (阴) 抽搐，痉挛 cramp
судья́ (阳) 审判员，法官 judge
су́мочка (阴) 小袋，小包；小手提包 hand bag
США 美国 USA
съедо́бный 食用的，可吃的 edible
сын (阳), **сыновья́** (复) 儿子 son(s)
сыпь (阴) 疹，斑疹 rash
сыро́й 生的 raw
сюда́ 往这里，往这边 this way

Т

табле́тка (阴) 药片，片剂 tablet, pill
так 这样，如此 so
та́кже 同样，也 also, as well
такси́ (中) 出租车 taxi
тамо́жня (阴) 海关 customs
тамо́женная деклара́ция (阴) 关税申报单，报关单 customs declaration form
тамо́женный контро́ль 海关检查 customs inspection
тампо́н (阳) 止血棉球 tampon
та́нец (阳) 舞，舞蹈 dance
таре́лка (阴) 盘子 plate
те 那些 those
теа́тр (阳) 剧院 theatre
телеви́дение (中) 电视台 television
телефо́н (阳) 电话 telephone
тёмные очки́ (复) 墨镜 goggles, sun glasses
тёмный 黑暗的，阴暗的 dark
температу́ра (阴) 温度；发烧 temperature
те́ннис (阳) 网球 tennis
те́ннисный корт (阳) 网球场 tennis court
терапе́вт (阳) 内科医生，全科医生 GP
термина́л (阳) 航站楼 terminal *(airport)*
терпели́вый 能忍耐的，有耐心的 patient
терра́са (阴) 阶地，梯田；凉台 terrace
террори́ст (阳) 恐怖分子 terrorist
теря́ть/потеря́ть 丢失，丢 to lose
тётя (阴) 伯母；姑母；婶母；姨母 aunt
техноло́гия (阴) 工艺 technology
тече́ние (中) 水流；流向；流派 stream
тип (阳) 类型，形式，样式 type *(sort)*
типи́чный 典型的 typical
ти́хий 安静的，宁静的 quiet, silent
ткань (阴) 织物，布匹 fabric
толпа́ (阴) 人群 crowd
то́лстый 厚的，粗壮的 thick,

fat

тóлько 只有，只能，仅仅 only, just

тóнкий 薄的，瘦的，细的 thin, slim

тоннéль（阳）隧道，地下道 tunnel

тонýть/утонýть 落水；沉没；淹死 to drown

тóпливо（中）燃料 fuel

тошни́ть 恶心 to feel sick

» **Меня́ тошни́т.** 我恶心。I feel sick.

традициóнный 传统的 traditional

трамвáй（阳）有轨电车 tram

трáнспортное срéдство（中）交通工具 vehicle

тревóга（阴）惊慌，恐惧 alarm

трéзвый 清醒的，没有醉的 sober

трéнер（阳）教练 coach *(instructor)*

трóгать/трóнуть 触，摸，动 to touch

тротуáр（阳）人行道 pavement

трýдный 困难的；难相处的；艰难的 difficult

туалéт（阳）洗手间 toilet

туалéтная бумáга（阴）手纸 toilet paper

туалéтные принадлéжности（复）化妆品 toiletries

тумáн（阳）雾；烟雾，尘雾 fog

тургрýппа（阴）旅游团 tour group

тури́зм（阳）旅游，旅游业 tourism

тури́ст（阳）游客 tourist

туристи́ческое агéнство（中）旅行社 tourist office

тýфель（阳）, **тýфли**（复）鞋 shoe(s)

тяжёлый 重的，沉重的 heavy

тянýть/потянýть 拉，扯，拽 to pull

У

у 在…旁边 at, by, near

убивáть/убить 打死，屠杀 to kill

убирáть/убрáть 拿走，拿开 to take away, to clean

ýгол（阳）角落，转角 corner

удаля́ть/удали́ть 挪开，移开；删除 to remove

удивлённый 令人惊奇的 surprised

удáча 成功，幸运 luck

» **Удáчи!** 祝您成功！ Good luck!

удлини́тель（阳）延长部分，延长器 extension lead

удóбный 舒服的，舒适的 comfortable

удовóльствие 高兴，满意 pleasure

» **С удовóльствием** 很乐意！很高兴！ Delighted!

удостоверéние（中）**ли́чности** 身份证 proof of identity

ýдочка（阴）钓鱼竿 fishing rod

ужáсный 可怕的，恐怖的 awful, terrible

ужé 已经 already

у́зкий 狭窄的 narrow

уко́л （阳）注射，注射剂 injection

уку́с （阳）**насеко́мого** 蚊虫叮咬 insect bite

у́лица （阴）街道 street

» **на ули́це** 在街上，在户外 outdoor(s)/outside

улыба́ться/улыбну́ться 微笑 to smile

у́мный 聪明的 clever

универма́г （阳）百货公司 department store

университе́т （阳）大学 university

употребля́ть/употреби́ть 使用，运用，利用 to use

управля́ющий дире́ктор （阳）董事总经理 managing director

упражне́ние （中）练习 exercise

у́ровень （阳）水平，标准，水准 level *(height, standard)*

уро́к （阳）课，课程 lesson

Успоко́йтесь! 请放心！ Calm down!

уста́лый 劳累的 tired

устра́ивать/устро́ить 组织，举办 to arrange

усы́ 小胡子 moustache

у́тка （阴）鸭子 duck

у́тро （中）早晨 morning

у́тренний 早晨的 morning

утю́г （阳）熨斗 iron *(for clothes)*

учёный （阳）学者 scholar

учи́тель （阳）老师 teacher

учи́ть/научи́ть 教，学 to teach, learn

учи́ться 学习 to study

уще́рб （阳）损害，损失 damage, loss

Уэ́льс （阳）威尔士 Wales

уэ́льский 威尔士的 Welsh

Ф

фа́брика （阴）工厂 factory

файл （阳）文件 file *(computer)*

фами́лия （阴）姓 surname

фана́т （阳）粉丝，狂热者 fan *(supporter)*

фейерве́рк （阳）焰火 fireworks

фемини́ст/ка （阳 / 阴）女权运动者，男女平等主义者 feminist

фен （阳）吹风机 hairdryer

фе́рма （阴）农场 farm

фе́рмер （阳）农场主 farmer

фестива́ль （阳）节日，欢宴 festival

фигу́рное ката́ние （中）花样滑冰 figure skating

фильм （阳）电影 film

» **фильм без перево́да** 原声电影 original language film

фи́ниш （阳）终点 finish

фи́рма （阴）公司 firm *(company)*

флаг （阳）旗子，旗帜 flag

фона́рь （阳）灯，路灯 lamp

фона́рный столб （阳）灯柱 lamp post

фонта́н （阳）喷泉 fountain

фортепиа́но （中）钢琴 piano

фотоаппара́т （阳）照相机 camera

фотогра́фия （阴），**фо́то** （中）相片 photo

францу́зский 法国的，法语的 French
фрукт (阳) 水果 fruit
фунт (阳) 英镑 pound *(sterling)*
фурго́н (阳) 篷车，箱式货车 van
футбо́л (阳) 足球 football
футбо́лка (阴) T恤衫 T-shirt

Х

химчи́стка (阴) 干洗店 drycleaner's
хлеб (阳) 面包 bread
» **бе́лый хлеб** 白面包 white bread
» **се́рый хлеб** 灰面包 brown bread
» **ржано́й хлеб** 黑麦面包 rye bread
» **цельнозерново́й хлеб** 全麦面包 wholemeal bread
хло́пок (阳) 棉花；棉线 cotton *(material)*
хо́бби (中) 爱好 hobby
холм (阳) 小山冈，山丘 hill
холоди́льник (阳) 电冰箱 fridge
холо́дный 冷的 cold
» **хо́лодно** 冷地 (it's) cold
хоро́ший 好的 good
Хорошо́! 好！ OK!
хоте́ть/захоте́ть 想，想要 to want
» **Я бы хоте́л/а** (阳/阴) 我想 I would like
» **хоте́ть/захоте́ть есть** 想吃东西 to be hungry
» **хоте́ть/захоте́ть пить** 想喝 to be thirsty
христиани́н/христиа́нка (阳/阴) 基督教徒 Christian *(people)*
христиа́нский 基督的，基督教的 Christian
хру́пкий 易碎的；脆的 fragile
хрустя́щий карто́фель (阳) 薯片 crisps
худо́й 薄的，瘦的 thin
ху́же 更坏 worse

Ц

царь (阳) 沙皇 tzar
цветно́й 有色的，彩色的 colour
цвето́к (阳)**, цветы́** (复) 花 flower(s)
целова́ть/поцелова́ть 亲，亲吻 to kiss
цена́ (阴) 价格 price
це́нности (复) 贵重物品 valuables
це́нный 宝贵的，贵重的 valuable
центр (阳) 中心 centre
» **центр го́рода** 市中心 town centre
центра́льный 中央的，集中的 central
» **центра́льное отопле́ние** 集中供暖 central heating
це́рковь (阴) 教堂；教会 church
цирк (阳) 杂技团，马戏团 circus
цифрово́й 数字的 digital
» **цифрово́й фотоаппара́т** (阳) 数码照相机 digital camera

Ч

чаевы́е (复) 小费 tip *(in restaurant)*

чай (阳) 茶叶，茶 *tea*

ча́йная ло́жка (阴) 茶匙 teaspoon

ча́йник (阳) 茶壶 kettle, teapot

ча́йный паке́тик (阳) 茶包，袋泡茶 teabag

час (阳) 点，时间；小时 hour

часы́ рабо́ты 开放时间；上班时间 opening hours

часо́вня (阴) 小礼拜堂 chapel

час-пик (阳)（上下班等的）高峰时间 rush hour

ча́стный 私人的，私立的 private

ча́сто 经常，时常 often

ча́стый 时常发生的，频繁的 frequent

часть (阴) 部分，零件，局部 part

часы́ (复) 手表，钟表 watch, clock *(time)*

ча́шка (阴) 杯子，茶杯 cup

чем 比 than

чемода́н (阳) 手提箱 suitcase

чемпиона́т (阳) 冠军赛，锦标赛 championship

че́рез 通过，经过 via, through

че́стный 诚实的，可靠的，坦直的 honest

чётный 偶数的 even *(not odd)*

чини́ть/почини́ть 修改；修理 to mend

чи́псы (复) 薯条 crisps

число́ (中) 数字，日期 number, date

чиха́ть/чихну́ть 打喷嚏 to sneeze

что 什么，什么事 what

что́бы 为了，以便 in order to

что́-нибудь 随便什么，任何什么 anything

» **что́-нибудь ещё** 随便再来点什么 anything else

что́-то 某事，某物 something

Ш

шампа́нское (中) 香槟酒 champagne

шампу́нь (阳) 洗发水 shampoo

ша́риковая ру́чка (阴) 圆珠笔 ballpoint pen

шарф (阳) 围巾 scarf

шёлк (阳) 丝，丝绸 silk

» **шёлковый** 丝的，丝绸的 silk

шерсть (阴) 羊毛，绒毛 wool

» **шерстяно́й** 羊毛制的 woollen

шипу́чий 多泡的，起泡的 fizzy

широ́кий 宽阔的，广阔的 wide

широкополо́сный интерне́т (阳) 互联网宽带 broadband

шить/сшить 缝合；缝制 to sew

шко́ла (阴) 学校 school

шлем (阳) 头盔 helmet

шокола́д (阳) 巧克力 chocolate

шоссе́ (中) 公路 motorway

Шотла́ндия(阴) 苏格兰 Scotland

шотла́ндский 苏格兰的 Scottish

ште́псельная ви́лка(阴) 插头 plug *(electric)*

што́пор(阳) 螺旋拔塞器 corkscrew

што́ра(阴) 窗帘，幕 curtain

штраф(阳) 罚款，罚金 *fine (penalty)*

шу́ба(阴) 毛皮大衣 fur coat

шу́мный 喧闹的，嘈杂的 noisy

шу́тка(阴) 笑话，玩笑 joke

Щ

ще́дрый 慷慨的，毫不吝惜的 generous

щётка(阴) 刷子 brush

» зубна́я щётка 牙刷 toothbrush

» щётка для воло́с 发刷 hairbrush

Э

экза́мены(复) 考试 exams

экологи́чески чи́стые проду́кты(复) 绿色食品 organic food

эконо́мика(阴) 经济，经济学 economics

экску́рсия(阴)（有导游的）参观，游览 guided tour

экскурсово́д(阳) 导游 guide *(person)*

экспериме́нт(阳) 实验 experiment

экспе́рт(阳) 专家，行家 expert

экспорти́ровать 输出，出口 to export

эле́ктрик(阳) 电学家，电气工，电气技师 electrician

электри́чество(中) 电，电学 electricity

эпиле́птик(阳) 癫痫症患者 epileptic

эскала́тор(阳) 电动扶梯 escalator

эта́ж(阳) 楼层 floor *(level)*

» пе́рвый этаж 一层 ground floor

эти 这些 these

э́то 这个（是）/ 这些（是） this is/these are

э́тот 这一个 this (one)

Ю

ю́бка(阴) 裙子 skirt

ювели́рные изде́лия(复) 珠宝制品 jewellery

ювели́рный магази́н(阳) 珠宝店 jeweller's

юг(阳) 南部，南方 south

» ю́жный 南部的，南方的 southern

юри́ст(阳) 律师 lawyer

Я

я 我 I

ядови́тый 有毒的 poisonous

я́зва(阴) **(желу́дка)**（胃）溃疡；腐烂物 ulcer

язы́к(阳) 语言；舌头 language, tongue

ярлы́к 标签；商标 label

я́щик(阳) 箱，匣；抽屉 drawer

汉俄英词典

A

癌症 **рак**（阳）cancer
艾滋病 **СПИД**（阳）AIDS
艾滋病病毒 **ВИЧ**（阳）HIV
艾滋病病毒检验呈阳性 **ВИЧ инфици́рованный** HIV positive
爱 **люби́ть/полюби́ть** to love, to like
爱尔兰 **Ирла́ндия**（阴）Ireland
爱尔兰的 **ирла́ндский** Irish
爱尔兰人 **ирла́ндец/ирла́ндка**（阳 / 阴）Irish *(people)*
爱好 **вкус**（阳）taste
爱好 **хо́бби**（中）hobby
安静的 **ти́хий** quiet, silent
按 **нажима́ть/нажа́ть** to press
按铃 **звони́ть/позвони́ть** to ring
按钮 **пу́говица**（阴）button
肮脏的 **гря́зный** dirty
澳大利亚的 **австрали́йский** Australian
澳大利亚人 **австрали́ец/австрали́йка**（阳 / 阴）Australian *(people)*

B

芭蕾舞 **бале́т**（阳）ballet
把…归咎于 **обвиня́ть/обвини́ть** to accuse
把…送到 **доставля́ть/доста́вить** to deliver
爸爸 **папа**（阳）dad
罢工 **бастова́ть** to be on strike
罢工 **забасто́вка**（阴）strike
罢课 **бастова́ть** to be on strike
罢市 **бастова́ть** to be on strike
白酒 **спиртно́е**（中）spirits *(alcohol)*
白面包 **бе́лый хлеб** white bread
白色的 **бе́лый** white
百货公司 **универма́г**（阳）department store
拜访 **визи́т**（阳）visit; **посеща́ть/посети́ть** to visit
斑点 **пятно́**（中）spot, stain
斑疹 **сыпь**（阴）rash
搬迁 **переезжа́ть/перее́хать** to move house
搬往 **переезжа́ть/перее́хать** to move to
办公室 **бюро́**（中）office
办理登机手续（服务台）**регистрацио́нная сто́йка**（阴）check-in (desk)
半寄宿 **полупансио́н**（阳）half board
扮演 **игра́**（阴）playing
帮助 **помога́ть/помо́чь** to help
傍晚 **ве́чер**（阳）evening
包 **паке́т**（阳）packet, carrier

bag
包裹 **посы́лка** (阴) parcel
包括 **включено́** included
包厢 **балко́н** (阳) balcony *(theatre etc.)*
宝贵的 **це́нный** valuable
保健的 **гигиени́ческий** hygienic
保姆 **ня́ня** (阴) nanny
保险 **страхо́вка** (阴) insurance
保险费 **страхо́вка** (阴) insurance
保证 **обеща́ть/пообеща́ть** to promise
保质期 **срок го́дности** (阳) expiry date
报关单 **тамо́женная деклара́ция** (阴) customs declaration form
报刊 **пре́сса** (阴) press *(newspapers)*
报纸 **газе́та** (阴) newspaper
抱怨 **жа́лоба** (阴) complaint
爆炸 **взрыв** (阳) explosion
杯子 **ча́шка** (阴) cup; **стака́н** (阳) glass *(tumbler)*
北方 **се́вер** (阳) north
北方的 **се́верный** northern
背包 **рюкза́к** (阳) rucksack
被包围的 **окружённый** surrounded by
本性的 **есте́ственный** natural
绷带 **бинт** (阳) bandage
比 **чем** than
比率 **курс** (阳) exchange rate
比如说 **наприме́р** for example
比赛 **матч** (阳) match *(game)*
笔记本 **ноутбу́к** (阳) laptop
笔直地 **пря́мо** straight on
必须的 **необходи́мый** necessary
必须的 **обяза́тельный** compulsory
必要的 **необходи́мый** necessary
毕业证书 **дипло́м** (阳) diploma
避孕套 **презервати́в** (阳) condom
避孕用具 **контрацепти́в** (阳) contraceptive
边界 **грани́ца** (阴) border
便宜的 **дешёвый** cheap
变态反应的 **аллерги́ческий** allergic
辩护人 **адвока́т** (阳) solicitor
标签 **ярлы́к** label
标志 **знак** (阳) sign
标准 **у́ровень** (阳) level *(height, standard)*
别怕! **Не бо́йтесь.** Don't be afraid.
宾馆 **гости́ница**(阴), **оте́ль**(阳) hotel
宾客 **гость** (阳) guest, visitor
冰 **лёд** (阳) ice
冰场 **като́к** (阳) ice rink
冰冻的 **замёрзший** frozen
冰激淋 **моро́женое** (中) ice cream
冰激凌店 **кафе́моро́женое**(中) ice cream parlour
并排地 **ря́дом** close, next to
病 **боле́знь** (阴) illness

拨号 **набира́ть/набра́ть но́мер** to dial

玻璃 **стекло́** (中) glass *(substance)*

玻璃杯 **стака́н** (阳) glass *(tumbler)*

玻璃窗 **витри́на** (阴) window *(shop)*

玻璃的 **стекля́нный** glass

伯母 **тётя** (阴) aunt

博士 **до́ктор** (阳) doctor

博物馆 **музе́й** (阳) museum

薄冰 **гололёд** (阳) ice *(on roads)*

薄的 **то́нкий** thin

不 **не** not

不成功 **неуда́ча** (阴) failure

不成功的 **неуда́чный** unsuccessful

不懂事的 **невино́вный** innocent

不对的 **непра́вильный** wrong

不肥的 **нежи́рный** low-fat

不含酒精的 **безалкого́льный** nonalcoholic

不好的 **плохо́й** bad

不坏 **непло́хо** (it's) not bad

不健康的 **нездоро́вый** unwell

不拘礼的 **нефорна́льный** informal

不均匀的 **неро́вный** uneven *(surface)*

不可能的 **невозможный** impossible

不平坦的 **неро́вный** uneven *(surface)*

不认识的人 **незнако́мец/незнако́мка** (阳 / 阴) stranger

不舒服的 **неудо́бный** uncomfortable

不听话的 **непослу́шный** naughty

不同的 **разный** different

不同寻常的 **необы́чный** unusual

不透水的 **непромока́емый** waterproof

不幸 **несча́стный слу́чай** (阳) accident

不幸的 **несча́стный** unhappy

不要 **не на́до** don't (do that)

不一般的 **необы́чный** unusual

不营业 **не рабо́тает** closed

不愉快的 **неприя́тный** unpleasant

不正确的 **непра́вильный** wrong

不足 **недоста́ток** (阳) fault

布匹 **ткань** (阴) fabric

步行 **пешко́м** on foot

部队 **а́рмия** (阴) army

部分 **часть** (阴) part

C

材料 **материа́л** (阳) material

采访 **интервью́** (中) interview

彩色的 **цветно́й** colour

菜 **блю́до** (中) dish

菜单 **меню́** (中) menu

参观 **посеща́ть/посети́ть** to visit

参观 **экску́рсия** (阴) guided tour

参观名胜古迹 **осмóтр достопримечáтельностей** sightseeing
餐巾纸 **салфéтка**（阴）napkin
餐具 **столóвые прибóры**（复）cutlery
餐厅 **ресторáн**（阳）restaurant
残疾人 **инвали́д**（阳）disabled
残留物 **похмéлье**（中）hang-over
嘈杂的 **шýмный** noisy
插头 **штéпсельная ви́лка**（阴）plug *(electric)*
查票员 **контролёр**（阳）ticket inspector
茶 **чай**（阳）tea
茶包 **чáйный пакéтик**（阳）teabag
茶杯 **чáшка**（阴）cup
茶匙 **чáйная лóжка**（阴）teaspoon
茶炊 **самовáр**（阳）samovar
茶点部 **буфéт**（阳）buffet
茶碟 **блю́дце**（中）saucer
茶壶 **чáйник**（阳）kettle, teapot
茶托 **блю́дце**（中）saucer
茶叶 **чай**（阳）tea
长的 **дли́нный** long
长度 **длинá**（阴）length
长久的 **дли́нный** long
长途电话 **междугорóдный звонóк**（阳）long-distance call
长途汽车站（市郊或市际）**автовокзáл**（阳）bus station
尝试 **пытáться/попытáться** to try
场所 **мéсто**（中）place
敞开的 **откры́тый** open
唱 **петь/спеть** to sing
唱歌 **петь/спеть** to sing
唱片 **диск**（阳）record *(music)*
钞票 **банкнóт**（阳）banknote
潮湿的 **влáжный** damp
车厢 **вагóн**（阳）carriage *(train)*
车站 **стáнция**（阴）station
扯 **тянýть/потянýть** to pull
尘埃 **пыль**（阴）dust
尘雾 **тумáн**（阳）fog
沉没 **тонýть/утонýть** to drown
沉重的 **тяжёлый** heavy
称呼 **звать** to call
成本 **стóимость**（阴）cost
成功 **удáча** luck
成年人 **взрóслый**（阳）adult
承诺 **обещáть/пообещáть** to promise
诚实的 **чéстный** honest
城堡 **зáмок**（阳）castle
城市 **гóрод**（阳）city, town
乘（车）**éхать/éздить** go *(in a vehicle)*
乘（车）**ехать/поехать домóй** go home *(in a vehicle)*
乘公共汽车 **автóбусом** by bus
乘客 **пассажи́р**（阳）passenger
吃 **есть/съесть** to eat
吃午饭 **обéдать/пообéдать** to have lunch, dinner
迟到 **опáздывать/опоздáть** to be late
迟的 **пóздний** late

持续 **дли́ться/продли́ться** to last
持有人 **владе́лец**（阳）owner
匙 **ло́жка**（阴）spoon
尺码 **разме́р**（阳）size
充满 **заполня́ть/запо́лнить** to fill in
充气的 **газиро́ванный** fizzy
充填物（镶牙的）**пло́мба**（阴）filling *(tooth)*
冲洗 **мыть/помы́ть, вы́мыть** wash
重复 **повторя́ть/повтори́ть** to repeat
重新 **опя́ть, сно́ва** again
抽搐 **су́дорога**（阴）cramp
抽屉 **я́щик**（阳）drawer
酬金 **гонора́р**（阳）; **пла́та**（阴）fee
臭氧层 **озо́нный слой**（阳）ozone layer
出殡 **по́хороны**（复）funeral
出差 **командиро́вка**（阴）business trip
出发 **вы́лет**（阳）departure
出发时间 **вре́мя отправле́ния** departure time
出故障 **не рабо́тает** out of order
出汗 **поте́ть/вспоте́ть** to sweat
出嫁 **выходи́ть/вы́йти за́муж** to get married (woman); **за́мужем** married *(woman)*
出口 **вы́ход**（阳）exit
出口 **экспорти́ровать** to export
出名的 **изве́стный** well-known
出清货底 **распрода́жа**（阴）sale *(bargains)*
出去 **выходи́ть/вы́йти** to go out, to get off *(bus)*
出色的 **прекра́сный** beautiful
出生 **роди́ться** to be born
出售 **продава́ть/прода́ть** to sell
出租 **прока́т**（阳）rental, hire
出租车 **такси́**（中）taxi
出租汽车停车场 **стоя́нка**（阴）**такси́** taxi rank
除…以外 **за исключе́нием** except
除臭药 **дезодора́нт**（阳）deodorant
除外 **исключе́ние**（中）exception
除雪机 **снегоочисти́тель**（阳）snowplough
橱窗 **витри́на**（阴）window *(shop)*
处方 **реце́пт**（阴）prescription
处置 **лече́ние**（中）treatment
处 **бюро́**（中）office
触 **тро́гать/тро́нуть** to touch
穿上 **надева́ть/наде́ть** to put on
传单 **брошю́ра**（阴）leaflet
传染 **инфе́кция**（阴）infection
传统的 **традицио́нный** traditional
窗户 **окно́**（中）window

窗帘 **занаве́ска**（阴）curtain
窗帘 **што́ра**（阴）curtain
床 **крова́ть**（阴）bed
床单 **простыня́**（阴）sheet *(for bed)*
床垫 **матра́ц**（阳）mattress
吹风机 **фен**（阳）hairdryer
锤子 **молото́к**（阳）hammer
词 **сло́во**（中）word
辞职 **отста́вка**（阴）resignation
磁盘 **диск**（阳）disc *(computer)*
次序 **о́чередь**（阴）order
从… **из** from
从…后面 **сза́ди** behind
从前 **ра́ньше** before, earlier
从来不 **никогда́** never
从外面 **снару́жи** outside
从右边 **спра́вой стороны́** right-hand side
匆忙 **спеши́ть** to be in a hurry
聪明的 **у́мный** clever
粗暴的 **гру́бый** rude
粗鲁无礼的 **гру́бый** rude
粗壮的 **то́лстый** thick
脆的 **хру́пкий** fragile
村姑套娃 **матрёшка**（阴）Russian doll
村庄 **дере́вня**（阴）village
存衣室 **гардеро́б**（阳）cloakroom
挫折 **неуда́ча**（阴）failure
错误 **оши́бка**（阴）mistake
错误的 **оши́бочный** faulty

D

搭车去 **е́здить автосто́пом** to hitchhike
打电话 **звони́ть/позвони́ть** to telephone
打断 **лома́ть/слома́ть** to break
打火机 **зажига́лка**（阴）lighter
打开 **открыва́ть/откры́ть** to open
打开（电源）**включа́ть/включи́ть** to switch on
打开的 **откры́тый** open
打猎 **охо́титься** to hunt
打喷嚏 **чиха́ть/чихну́ть** to sneeze
打破的 **сло́манный** broken
打扰 **беспоко́ить / побеспоко́ить** to disturb
打死 **убива́ть/уби́ть** to kill
打烊 **не рабо́тает** closed
打字 **печа́тать/напеча́тать** to print, to type
大不列颠 **Великобрита́ния**（阴）Great Britain
大不列颠的 **брита́нский** British
大的 **большо́й** large
大概 **приблизи́тельно** approximately
大教堂 **собо́р**（阳）cathedral
大街 **проспект**（阳）avenue
大酒杯 **бока́л**（阳）glass *(wine)*
大理石 **мра́мор**（阳）marble
大量 **мно́жество** plenty (of)
大陆 **матери́к**（阳）mainland; **контине́нт**（阳）continent
大马路 **проспе́кт**（阳）avenue
大声的 **гро́мкий** loud
大使馆 **посо́льство**（中）

embassy
大小 **размéр** (阳) size
大学 **университéт** (阳) university
大学生 **студéнт/ка** (阳 / 阴) undergraduate (student)
大衣 **пальтó** (中) coat
呆若木鸡的 **парализóванный** paralysed
代码 **код** (阳) code
代替 **вмéсто** instead of
带 **брать/взять** to take; **носи́ть/нести́** to carry; **с** with
带走 **на вы́нос** to take away
袋泡茶 **чáйный пакéтик** (阳) teabag
袋子 **пакéт** (阳) packet, carrier bag
戴上 **надевáть/надéть** to put on
单程车票 **билéт в оди́н конéц** one way ticket
单人床 **односпáльная кровáть** single bed
单向道 **односторóнние движéние** one-way traffic
但是 **a while, and, but; но** but
诞生 **роди́ться** to be born
淡黄发男子 / 女子 **блонди́н/ка** (阳 / 阴) blonde
当地的 **мéстный** local
当然 **конéчно** of course
当做 **вмéсто** instead of
档案夹 **пáпка** (阴) file *(documents)*
导游 **гид** (阳), **экскурсовóд** (阳) guide *(person)*
岛 **óстров** (阳) island
岛屿 **óстров** (阳) island
倒 **лить** pour
倒（车） **разворáчиваться/развернýться** to reverse *(car)*
到 **в** in, at, to *(destination)*
到达 **прибывáть/прибы́ть** to arrive; **прибы́тие** (中) arrival
道路 **дорóга** (阴) road, way
稻草 **солóминка** (阴) straw
灯 **лáмпа** (阴) **фонáрь** (阳) lamp; **лáмпочка** (阴) light bulb
灯泡 **лáмпочка** (阴) light bulb
灯柱 **фонáрный столб** (阳) lamp post
登机口 **вы́ход на посáдку** gate *(airport)*
登记 **регистри́роваться/зарегистри́роваться** to register, to check in
登记处 **регистратýра** (阴) reception
等 **ждать** to wait *(for)*
等待 **ждать** to wait *(for)*
低的 **низкий** low
低热量的 **низкокалори́йный** low-calorie
堤岸 **нáбережная** (阴) embankment
迪斯科舞厅 **дискотéка** (阴) disco
抵达 **прибывáть/прибы́ть** to arrive
抵押 **ипотéка** (阴) mortgage

D

汉俄英词典

地方 **ме́сто** (中) place; **райо́н** (阳) district; **регио́н** (阳) region

地方的 **ме́стный** local; **областно́й, региона́льный** regional

地区 **о́бласть** (阴), **регио́н** (阳) region

地铁线 **ли́ния метро́** underground line

地图 **ка́рта** (阴) map

地下道 **тонне́ль** (阳) tunnel

地域性的 **областно́й, региона́льный** regional

地址 **а́дрес** (阳) address

弟弟 **брат** (阳) brother

第二次世界大战 **втора́я мирова́я война́** World War Two

第一次世界大战 **пе́рвая мирова́я война́** World War One

癫痫症患者 **эпиле́птик** (阳) epileptic

典型的 **типи́чный** typical

点 **час** (阳) hour

碘 **йод** (阳) iodine

碘酒 **йод** (阳) iodine

电 **электри́чество** (中) electricity

电冰箱 **холоди́льник** (阳) fridge

电动扶梯 **эскала́тор** (阳) escalator

电风扇 **вентиля́тор** (阳) fan *(air)*

电话 **телефо́н** (阳) telephone

电话自动应答装置 **автоотве́тчик** (阳) answering machine

电脑 **компью́тер** (阳) computer

电气技师 **эле́ктрик** (阳) electrician

电视 **телеви́дение** (中) television

电梯 **лифт** (阳) lift

电学 **электри́чество** (中) electricity

电学家 **эле́ктрик** (阳) electrician

电压 **напряже́ние** (中) tension, voltage

电影 **кино́**(中) cinema; **фильм** (阳) film

垫 **матра́ц** (阳) mattress

垫盘 **блю́дце** (中) saucer

凋谢的 **мёртвый** withered

雕像 **ста́туя** (阴) statue

钓鱼竿 **у́дочка** (阴) fishing rod

调制解调器 **моде́м** (阳) modem

掉下 **па́дать/упа́сть** to fall

跌倒 **па́дать/упа́сть** to fall

订购 **зака́з** (阳) reservation

订金 **зало́г** (阳) deposit

丢失 **теря́ть/потеря́ть** to lose

东面 **восто́к** (阳) east

东面的 **восто́чный** eastern

东西 **ве́щи** (复) things, belongings

东正教的 **правосла́вный** Orthodox

董事长 **президе́нт** (阳) president

董事总经理 **управля́ющий**

дире́ктор (阳) managing director
动 **тро́гать/тро́нуть** to touch
动物 **живо́тное** (中) animal
冻伤 **обмороже́ние** (中) frost bite
兜 **карма́н** (阳) pocket
毒品 **нарко́тик** (阳) drug
毒死 **отравле́ние** (中) food poisoning
独立的 **незави́симый** independent
堵车 **про́бка** (阴) traffic jam
赌博 **аза́ртные и́гры** (复) gambling
度 **гра́дус** (阳) degree
度数 **гра́дус** (阳) degree *(temperature)*
短的 **коро́ткий** short
断掉的 **сло́манный** broken
队伍 **кома́нда** (阴) team; **о́чередь** (阴) queue
对 **да** yes
对…关心的 **заинтересо́ванный** interested
对不起 **извини́те** excuse me; **прости́те** I'm sorry
对外的 **вне́шний** external
兑换 **обме́нивать/обменя́ть** to change *(money)*
多 **бо́льше** more
多的 **большо́й** more than
多泡的 **шипу́чий** fizzy
多少 **ско́лько** how many/much
多云的 **о́блачный** cloudy
堕落的 **испо́рченный, сгни́вший** rotten

E

俄罗斯 **Росси́я** (阴) Russia
俄罗斯的 **ру́сский** Russian
俄罗斯人 **ру́сский / ру́сская** (阳 / 阴) Russian (people)
俄式浴室 **ба́ня** (阴) Russian baths
恶臭的 **испо́рченный, сгни́вший** rotten
恶心 **тошни́ть** to feel sick
儿子 **сын** (阳), **сыновья́** (复) son(s)
而 **а** while, and, but
而是 **а** while, and, but
耳机 **нау́шники** (复) headphones
耳聋的 **глухо́й** deaf

F

发 **отправле́ние** (中) dispatch
发短信 **посыла́ть/посла́ть SMS** to text
发货单 **накладна́я** (阴) invoice
发票 **квита́нция** (阴) receipt; **накладна́я** (阴) invoice
发热 **жар** (阳) fever
发烧 **температу́ра** (阴) temperature
发刷 **щётка для воло́с** hairbrush
发信息 **посыла́ть/посла́ть SMS** to text
发炎的 **воспалённый** inflamed

发音 **произноси́ть/произнести́** pronounce
罚金 **штраф**（阳） fine *(penalty)*
罚款 **штраф**（阳） fine *(penalty)*
法定的 **зако́нный** legal
法官 **судья́**（阳） judge
法国的 **францу́зский** French
法语的 **францу́зский** French
法院 **суд**（阳） court *(law)*
帆船运动 **па́русный спорт**（阳） sailing
翻译 **переводи́ть/перевести́** to interpret, to translate; **перево́дчик/перево́дчица**（阳/阴） interpreter, translator
返程票 **обра́тный биле́т**（阳） return ticket
返回 **возвраща́ть(ся)/верну́ть(ся)** to return
犯错 **ошиба́ться/ошиби́ться** to make a mistake
饭店 **рестора́н**（阳） restaurant
方向 **направле́ние**（中） direction
方针 **курс**（阳） policy
防臭剂 **дезодора́нт**（阳） deodorant
防水的 **водосто́йкий, промока́емый** waterproof
房间 **ко́мната**（阴） room
房屋 **зда́ние**（中） building
访客 **посети́тель**（阳） visitor
访问 **посеща́ть/посети́ть** to visit; **зи́т**（阳） visit
访问者 **посети́тель**（阳） visitor
放射性的 **радиоакти́вный** radioactive
非常 **о́чень** very
非请勿进 **без вы́зова не входи́ть** do not enter without being called
非正式的 **неформа́льный** informal
肥的 **жи́рный** fat, greasy
肥皂 **мы́ло**（中） soap
沸水 **кипято́к**（阳） boiling water
费用 **сто́имость**（阴） cost
分部 **отделе́ние**（中） branch *(bank)*
分离 **отва́ливаться/отвали́ться** to come off
分支机构 **отделе́ние**（中） branch *(bank)*
粉末 **пыль**（阴） dust
粉丝 **фана́т**（阳） fan *(supporter)*
风 **ве́тер**（阳） wind
风多的 **ве́треный** windy
锋利的 **о́стрый** sharp
缝制 **шить/сшить** to sew
夫人 **леди**（阴） lady
服务 **обслу́живать/обслужи́ть** to serve
服务费 **пла́та за обслу́живание** service charge
服务员 **официа́нт/ка**（阳/阴） waiter/waitress
服装 **оде́жда**（阴） clothes
符号 **знак**（阳） sign
腐烂的 **испо́рченный, ни́вший** rotten
腐蚀的 **ржа́вый** rusty
父母 **роди́тели**（复） parents
父亲 **оте́ц**（阳） father
付款 **плати́ть/заплати́ть** to

pay
妇科医生 **гинеко́лог**（阳） gynaecologist
妇女 **же́нщина**（阴） woman
附近 **бли́зко** near
复活节 **Па́сха**（阴） Easter
复活节的彩蛋 **пасха́льное яйцо́** Easter egg
复习 **повторя́ть/повтори́ть** to repeat
腹泻 **диарре́я**（阴），**поно́с**（阳） diarrohea

G

干杯！ **За Ва́ше здоро́вье!** Cheers!
干洗店 **химчи́стка**（阴） drycleaner's
感冒 **просту́да**（阴） cold
感染 **инфе́кция**（阴） infection
感兴趣 **интересова́ться/заинтересова́ться** to be interested in
钢 **сталь**（阴） steel
钢琴 **пиани́но**（中） piano
钢琴 **фортепиа́но**（中） piano
高 **высота́**（阴） height
高的 **высо́кий** high, tall
高度 **высота́**（阴） height
高峰时间（上下班等的） **час-пик**（阳） rush hour
高脚杯 **бока́л**（阳） glass *(wine)*
高脚玻璃酒杯 **рю́мка**（阴） wine glass
高山滑雪 **го́рные лы́жи** downhill skiing
高兴 **удово́льствие** pleasure
高压 **высо́кое напряже́ние** high tension
膏药 **пла́стырь**（阳） plaster
稿费 **гонора́р**（阳） fee
戈比 **копе́йка**（阴） kopeck
哥哥 **брат**（阳） brother
割 **ре́зать** to cut
割伤自己 **поре́заться** to cut oneself
歌曲 **пе́сня**（阴） song
个人的 **ли́чный** personal
给 **дава́ть/дать** to give
给您 **вот, пожа́луйста** here you are
跟随 **сле́довать/после́довать** to follow
更便宜 **деше́вле** cheaper
更多 **бо́льше** more
更坏 **ху́же** worse
更老地 **ста́рше** older
更少 **ме́ньше** less
更晚 **по́зже** later
更小 **ме́ньше** less
工厂 **заво́д**（阳），**фа́брика**（阴） factory
工会 **профсою́з**（阳） trade union
工具 **инструме́нт**（阳） tool
工业 **индустри́я**（阴） industry
工艺 **техноло́гия**（阴） technology
工资 **зарпла́та**（阴） wage; **пла́та**（阴） fee
工作 **рабо́та**（阴） job, work; **рабо́тать** work *(job, function)*
工作日 **рабо́чий день**（阳） weekday
公安局 **мили́ция**（阴） police*(in*

Russia)
公安派出所 **отделе́ние мили́ции** police station
公共汽车 **авто́бус**（阳）bus
公共汽车站 **авто́бусная ста́нция**（阴）bus station
公路 **шоссе́**（中）motorway
公墓 **кла́дбище**（中）cemetery
公司 **компа́ния**（阴）company; **фи́рма**（阴）firm *(company)*
公文 **докуме́нт**（阳）document
公园 **парк**（阳）park
攻击 **напада́ть/напа́сть на** to attack, to assault
供给 **дава́ть/дать** to give
供暖 **отопле́ние**（中）heating
宫殿 **дворе́ц**（阳）palace
狗 **соба́ка**（阴）dog
购买 **покупа́ть/купи́ть** to buy
购买者 **покупа́тель**（阳）customer
购物 **де́лать/сде́лать поку́пки** shopping, to go shopping
姑母 **тётя**（阴）aunt
古典的 **класси́ческий** classical
古典音乐 **класси́ческая музы́ка**（阴）classical music
古典主义的 **класси́ческий** classical
故事 **исто́рия**（阴）story
刮风的 **ве́треный** windy
挂号处 **регистрату́ра**（阴）reception
关闭 **вы́ключен** off *(TV, light)*; **закры́то** closed
关闭（电源）**выключа́ть/вы́ключить** to switch off
关门 **не рабо́тает** closed
关税申报单 **тамо́женная деклара́ция**（阴）customs declaration form
关于 **о, об** about *(relating to)*
官方的 **официа́льный** official
冠军赛 **чемпиона́т**（阳）championship
管理人员 **заве́дующий**（阳），**ме́неджер**（阳）manager
灌 **лить** pour
罐子 **кувши́н**（阳）jug
光秃的 **го́лый** naked
光着的 **го́лый** naked
广播站 **радиоста́нция**（阴）radio station
广场 **пло́щадь**（阴）**square; площа́дка**（阴）ground
广告 **рекла́ма**（阴）advertisement, advertising
广阔的 **широ́кий** wide
规定的饮食 **дие́та**（阴）diet
贵的 **дорого́й** expensive
贵重的 **це́нный** valuable
贵重物品 **це́нности**（复）valuables
国际的 **междунаро́дный** international
国家 **страна́**（阴）country; **госуда́рство**（中）state
国家的 **национа́льный** national
国境线 **грани́ца**（阴）border *(frontier)*
国外的 **вне́шний** external

国王 **коро́ль** (阳) king
果汁 **сок** (阳) ju¡ce
过敏性的 **аллерги́ческий** allergic
过去的 **про́шлый** past

H

孩子 **ребёнок** (阳) child
孩子们 **де́ти** (复) children
海 **мо́ре** (中) sea
海产品 **мо́репроду́кты** (复) seafood
海关 **тамо́жня** (阴) customs
海关检查 **тамо́женный контро́ль** customs inspection
海滩 **пляж** (阳) beach
海洋 **мо́ре** (中) sea
害怕 **боя́ться** to be afraid
含酒精饮料 **алкого́ль** (阳) alcohol
航班 **рейс** (阳) flight
航程 **маршру́т** (阳) route, itinerary; **рейс** (阳) flight
航空邮件 **а́виа(по́чта)** (阴) air mail
航空邮政 **а́виа(по́чта)** (阴) air mail
航站楼 **термина́л** (阳) terminal *(airport)*
毫不吝惜的 **ще́дрый** generous
好！ **Хорошо́!** OK!
好吃的 **вку́сный** delicious
好的 **до́брый, хоро́ший** good
喝 **пить/вы́пить** to drink
喝醉了的 **пья́ный** drunk
合法的 **зако́нный** legal
合约 **догово́р** (阳) contract
和 **и** and; **с** with
和平 **мир** (阳) peace
和煦的 **со́лнечный** sunny
河 **река́** (阴) river
河岸 **на́бережная** (阴) embankment
河流 **река́** (阴) river
黑暗的 **тёмный** dark
黑麦面包 **ржано́й хлеб** rye bread
很 **о́чень** very
很多 **мно́жество** plenty (of)
很高兴！ **С удово́льствием!** Delighted!
很高兴认识你！ **Ра́д/а познако́миться** (阳 / 阴). Pleased to meet you.
很近 **бли́зко** near
很乐意！ **С удово́льствием!** Delighted!
很早 **ра́но** early
很着急 **в спе́шке** in a hurry
红肿的 **воспалённый** inflamed
后跟 **каблу́к** (阳) heel *(shoe)*
后天 **послеза́втра** the day after tomorrow
厚的 **то́лстый** thick
候车室 **зал** (阳) **ожида́ния** departure lounge
呼吸 **дыша́ть** to breathe
互联网宽带 **широкополо́сный интерне́т** (阳) broadband
护照 **па́спорт** (阳) passport

花 **цветóк**（阳）, **цветы́**（复） flower*(s)*

花样滑冰 **фигу́рное катáние**（中） figure skating

花园 **сад**（阳） garden

滑冰 **катáться на конькáх** to skate

滑冰场 **катóк**（阳） ice rink

滑的 **скóльзкий** slippery

滑稽可笑的 **забáвный** funny *(amazing)*

滑雪 **катáться на лы́жах** to ski

滑雪板 **лы́жи**（复） skiing board

滑雪皮靴 **лы́жные боти́нки**（复） ski boots

滑雪橇 **катáться на сáнках** to sleigh

滑雪胜地 **лыжный курóрт**（阳） ski resort

滑雪运动 **лы́жи**（复） skiing

滑雪杖 **лы́жная пáлка**（阴） ski pole

化妆品 **туалéтные принадлéжности**（复） toiletries

划船 **катáться на лóдке** to go boating

话剧 **пьéса**（阴） play *(theatre)*

桦条帚（蒸浴用） **вéник**（阳） birch twigs *(Russian bath)*

坏的 **плохóй** bad

坏掉的 **слóманный** broken

欢迎！**Добрó пожáловать!** Welcome!

还钱 **возвращáть/вернýть дéньги** to refund

还有 **ещё** still *(yet)*

环境 **окружáющая средá**（阴） environment

黄油 **мáсло**（中） butter

灰尘 **пыль**（阴） dust

灰面包 **сéрый хлеб** brown bread

回答 **отвéт**（阳） answer

回复 **отвéт**（阳） answer

回家 **идти́/пойти́/ домóй** to go home *(on foot)*

回执 **квитáнция**（阴） receipt

汇率 **курс валю́ты**（阳） exchange rate

汇率 **обмéнный курс**（阳） exchange rate

会话课本 **разговóрник**（阳） phrase book

会话手册 **разговóрник**（阳） phrase book

会晤 **встрéча**（阴） meeting

会议 **конферéнция**（阴） conference

会议 **совещáние**（中） conference, meeting

贿赂 **взя́тка**（阴） bribe

婚礼 **свáдьба**（阴） wedding

混合的 **смéшанный** mixed

活动 **движéние**（中） movement

火 **огóнь**（阳） fire

火车站 **вокзáл**（阳） main station

火车站 **железнодорóжная стáнция**（阴） railway station

火灾 **пожáр**（阳） fire

或者…或者… **и́ли...и́ли, ли́бо... ли́бо...** either... or...

货币 **валю́та** (阴) currency

J

饥饿的 **голо́дный** hungry
机场 **аэропо́рт** (阳) airport
机器 **маши́на** (阴) car, machine
机械的 **автомати́ческий** automatic
机械师 **меха́ник** (阳) mechanic
鸡尾酒 **кокте́йль** (阳) cocktail
奇数的 **нечётный** odd *(not even)*
积满灰尘的 **пы́льный** dusty
基督教的 **христиа́нский** Christian
基督教徒 **христиани́н/христиа́нка** (阳 / 阴) Christian *(people)*
激昂的 **возбуждённый** excited
激动的 **возбуждённый** excited
激光唱片 **сиди́** (阳) CD
急救 **пе́рвая по́мощь** (阴) first aid
急救箱 **апте́чка** (阴) first aid kit
急忙 **спеши́ть** to be in a hurry
疾病 **боле́знь** (阴) illness
集中的 **центра́льный** central
集中供暖 **центра́льное отопле́ние** (中) central heating
几个 **не́сколько** few, several
挤满人群的 **перепо́лненный** crowded
计算机 **компью́тер** (阳) computer
记性 **па́мять** (阴) memory
记忆卡 **ка́рта** (阴) **па́мяти** memory card
记忆力 **па́мять** (阴) memory
记者 **журнали́ст/ка** (阳 / 阴) journalist
纪念碑 **па́мятник** (阳) monument
纪念品 **сувени́р** (阳) souvenir
季节 **сезо́н** (阳) season
既不…也不… **ни... ни...** neither... nor...
寄 **отправле́ние** (中) dispatch
寄出 **посыла́ть/посла́ть** to send
加油站 **запра́вка** (阴) petrol station
夹克 **смо́кинг** (阳) jacket
家 **семья́** (阴) family
家的 **дома́шний** home
家具 **ме́бель** (阴) furniture
家里做的 **дома́шний** home-made
家庭 **семья́** (阴) family
家庭的 **дома́шний** home
家庭旅馆（供膳宿的）**пансио́н** (阳) guest house
家务 **дома́шняя рабо́та** (阴) housework
价格 **цена́** (阴) price
价格为 **сто́ить** to cost
价值 **сто́имость** (阴) cost, value
价值为 **сто́ить** to cost
驾驶证 **води́тельские права́**

(复) driving licence
假期 **óтпуск**(阳) holiday
假牙 **зубнóй протéз**(阳) denture
尖的 **óстрый** sharp
坚果 **орéх**(阳) nut
坚硬的 **жёсткий** stiff, tough *(meat)*
间隔 **интервáл**(阳) interval (of time); **расстоя́ние**(中) distance
间距 **расстоя́ние**(中) distance
艰难的 **трýдный** difficult
监督 **контрóль**(阳) control *(passport)*
煎的 **жáреный** fried
减少 **снижéние**(中) cut *(reduction)*
剪 **рéзать** to cut
剪刀 **нóжницы**(复) scissors
检查 **контрóль**(阳) control *(passport)*
检查 **осмóтр**(阳) examination, check-up
检查护照 **пáспортный контрóль**(阳) passport control
检验员 **контролёр**(阳) ticket inspector
见面 **встрéча**(阴) meeting
见面 **встречáть/встрéтить** meet
建议 **рекомендовáть/порекомендовáть** to recommend
建筑师 **архитéктор**(阳) architect
建筑物 **здáние**(中) building
建筑学家 **архитéктор**(阳) architect
健康 **здорóвье**(中) health
讲 **разговáривать** to talk
讲话 **разговáривать** to talk
讲述 **расскáзывать/рассказáть** to tell
讲座 **лéкция**(阴) lecture
降雪 **снегопáд**(阳) snowfall
交通 **движéние**(中) traffic
交通工具 **трáнспортное срéдство**(中) vehicle
交通信号灯 **светофóр**(阳) traffic light
浇(用开水) **ошпáривать/ошпáрить** to scald
教 **учить/научить** to teach
角落 **ýгол**(阳) corner
脚后跟 **каблýк**(阳) heel *(shoe)*
叫 **звать** to call
教练 **трéнер**(阳) coach *(instructor)*
教授 **профéссор**(阳) professor
教堂 **цéрковь**(阴) church
阶地 **террáса**(阴) terrace
接(人) **забирáть/забрáть** to pick up
接待员 **дежýрный/дежýрная** (阳/阴) concierge, receptionist
接通 **пробивáться/проби́ться** to get through *(phone)*
接通(电源) **включáть/включи́ть** to switch on
接种疫苗 **приви́вка** vaccination
街道 **ýлица**(阴) street

节日 **фестивáль**（阳） festival

劫持 **похищáть/похи́тить** kidnap

劫机 **похищáть/похи́тить** to hijack

结冰的 **замёрзший** frozen

结果 **результáт**（阳） result

结婚 **жени́ться** to get married *(man)*

她 **онá** she; **её** her

她的 **её** hers

她们 **они́** they; **их** them

介绍 **рекомендовáть/порекомендовáть** to recommend

戒指 **кольцó**（中） ring *(jewellery)*

借给…钱 **давáть/дать взаймы́** to lend

今天 **сегóдня** today

今晚 **сегóдня вéчером** tonight

金刚石 **алмáз**（阳） diamond

金属 **метáлл**（阳） metal

仅仅 **тóлько** only, just

紧挨着地 **ря́дом** close, next to

紧急出口 **запаснóй вы́ход**（阳） emergency exit

紧急的 **срóчный** urgent

紧张 **напряжéние**（中） tension

谨慎的 **осторóжный** careful

锦标赛 **чемпионáт**（阳） championship

近乎 **приблизи́тельно** approximately

近郊 **окрáина**（阴） outskirts

近况如何？ **Как делá?** How are you doing?

进攻 **нападáть/напáсть на** to attack, to assault

进入 **входить/войти** to come in

进行 **дéлать/сдéлать** to do, to make

禁止拍照 **не фотографи́ровать** no photography

禁止吸烟 **не кури́ть** no smoking

经常 **всегдá** always; **чáсто** often

经过 **чéрез** via, through

经济 **эконóмика**（阴） economics

经济学 **эконóмика**（阴） economics

经理 **завéдующий**（阳）, **мéнеджер**（阳） manager

经验 **óпыт**（阳） experience

惊慌 **тревóга**（阴） alarm

惊扰 **беспокóить / побеспокóить** to disturb

警察 **милиционéр**（阳） policeman

警察局 **мили́ция**（阴） police *(in Russia)*

警车 **милицéйская маши́на**（阴） police car

警告 **предупреждáть/предупреди́ть** to warn

警卫 **охрáнник**（阳） security guard

痉挛 **сýдорога**（阴） cramp

竞赛 **матч**（阳） match *(game)*

镜子 **зéркало**（中） mirror

酒吧 **бар**（阳） bar

酒鬼 **алкого́лик** (阳) alcoholic *(person)*
酒精 **алкого́ль** (阳) alcohol; **спиртно́е** (中) spirits *(alcohol)*
酒徒 **алкого́лик** (阳) alcoholic *(person)*
旧的 **ста́рый** old
旧货市场 **бара́хо́лка** (阴) flea market
救出 **спаса́ть/спасти́** rescue
救护车 **ско́рая по́мощь** (阴) ambulance
救命! **Помоги́те!** Help!
就这些 **вот и всё** that's all
舅舅 **дя́дя** (阳) uncle
拘捕 **аре́ст** (阳): **под аре́стом** arrest: under arrest
局 **бюро́** (中) office
局部麻醉 **ме́стный нарко́з** local anaesthetic
举办 **устра́ивать/устро́ить** to arrange
举个例子 **к приме́ру** for example
俱乐部 **клуб** (阳) club
剧院 **теа́тр** (阳) theatre
据我所知 **наско́лько я зна́ю** as far as I know
距离 **расстоя́ние** (中) distance
决定 **реша́ть/реши́ть** to decide
军队 **а́рмия** (阴) army

K

咖啡 **ко́фе** (阳) coffee
咖啡馆 **кафе́** (中) café
开放入口 **вход свобо́дный** (阳) admission free
开放时间 **часы́ рабо́ты** opening hours
开始 **начина́ть/нача́ть** to begin, to start; **старт** (阳) start
开水 **кипято́к** (阳) boiling water
开水炉 **кипяти́льник** (阳) water heater
看 **смотре́ть/посмотре́ть** to watch, to look (at)
看见 **видеть/увидеть** to see
慷慨的 **ще́дрый** generous
抗生素 **антибио́тик** (阳) antibiotics
考虑 **ду́мать/поду́мать** to think
考试 **экза́мены** (复) exams
烤的 **жа́реный** fried
烤箱 **духо́вка** (阴) oven
咳嗽 **ка́шлять/кашляну́ть** to cough
可爱的 **дорого́й** darling; **милый** dear *(loved)*
可搬运的 **переносно́й** portable
可吃的 **съедо́бный** edible
可接近的 **досту́пный** accessible
可靠的 **надёжный** safe, reliable
可靠的 **че́стный** honest
可能 **возмо́жно** perhaps
可能的 **возмо́жный** possible
可怕的 **ужа́сный** awful, terrible
可是 **но** but

可通行的 **досту́пный** accessible

可信赖的 **надёжный** safe, reliable

可移动的 **переносно́й** portable

客人 **гость**(阳) guest, visitor

课 **ле́кция**(阴) lecture; **уро́к**(阳) lesson

课程 **курс**(阳) course *(lessons)*; **уро́к**(阳) lesson

课程表 **расписа́ние**(中) timetable

空的 **пусто́й** empty

空洞的 **пусто́й** empty

恐怖的 **ужа́сный** awful, terrible

恐怖分子 **террори́ст**(阳) terrorist

恐惧 **боя́ться** to be afraid; **трево́га**(阴) terror

恐吓 **пуга́ть/испуга́ть** to frighten

口袋 **карма́н**(阳) pocket

口香糖 **жва́чка**(阴) chewing gum

枯死的 **мёртвый** withered

苦的 **го́рький** bitter

苦涩的 **го́рький** bitter

裤子 **брю́ки** (复) trousers

宽阔的 **широ́кий** wide

狂热者 **фана́т**(阳) fan *(supporter)*

溃疡（胃） **я́зва**(阴) **(желу́дка)** ulcer

昆虫 **насеко́мое**(中) insect

困难的 **тру́дный** difficult

L

垃圾 **му́сор**(阳) litter, rubbish

拉 **тяну́ть/потяну́ть** to pull

拉 **на себя́** pull

喇叭 **гудо́к**(阳) horn

来自… **из** from

来自西方的 **за́падный** western

懒惰的 **лени́вый** lazy

劳累的 **уста́лый** tired

牢骚 **жа́лоба**(阴) complaint

老的 **ста́рый** old

老婆 **жена́**(阴), **жёны**(复) wife

老师 **учи́тель**(阳) teacher

老鼠 **мышь, мышка**(阴) mouse

类型 **тип**(阳) type *(sort)*

冷的 **холо́дный** cold

冷地 **хо́лодно** coldly

冷盘 **заку́ски**(复) starters *(food)*

离了婚的 **разведённый** divorced

礼物 **пода́рок**(阳) gift,.present

理发 **стри́жка**(阴) haircut

理发店 **парикма́херская**(阴) barber's

理发师 **парикма́хер**(阳) hairdresser

历史 **исто́рия**(阴) history

立即 **сра́зу же** at once

利润 **при́быль**(阴) profit

利用 **употребля́ть/употреби́ть** to use

例如 **наприме́р; к приме́ру** for example

例外 **исключе́ние**（中）exception
例子 **приме́р**（阳）example
帘 **занаве́ска**（阴）curtain
廉价的 **дешёвый** cheap
脸 **лицо́**（中）face
练习 **упражне́ние**（中）exercise
凉台 **терра́са**（阴）terrace
两个 **о́ба**（阳/中）/ **о́бе**（阴）both
了解 **знать** know; **понима́ть/поня́ть** to understand
猎物 **дичь**（阴）game
邻居 **сосе́д/ка**（阳/阴）neighbour
邻居的 **сосе́дний** nearby
临时的 **вре́менный** temporary
淋浴 **душ**（阳）shower
零件 **часть**（阴）part
零钱 **ме́лочь**（阴）change *(coins)*
领带 **га́лстук**（阳）tie
领事馆 **ко́нсульство**（中）consulate
领养老金者 **пенсионе́р/ка**（阳/阴）pensioner
令人烦恼的 **боле́зненный** painful
令人惊奇的 **удивлённый** surprised
令人舒服的 **прия́тный** nice
流畅的 **бе́глый** fluent
流派 **тече́ние**（中）trend
流亡者 **бе́женец / бе́женка**（阳/阴）refugee
流行音乐 **поп-му́зыка**（阴）pop music
留下 **остава́ться/оста́ться** to remain
留做专用的 **зарезерви́рованный** reserved
楼层 **эта́ж**（阳）floor *(level)*
楼房 **зда́ние**（中）building
楼梯 **ле́стничная кле́тка**（阴）staircase
露天的 **откры́тый** open
卢布 **рубль**（阳）rouble
鹿 **оле́нь**（阳）deer
路 **доро́га**（阴）road, way
路程 **маршру́т**（阳）route
路灯 **фона́рь**（阳）lamp
路费 **пла́та за прое́зд** fare
路线 **маршру́т**（阳）route, itinerary
旅馆 **гости́ница**（阴）hotel
旅行 **путеше́ствие**（中）journey; **путеше́ствовать** to travel
旅行社 **бюро́ путеше́ствий** travel agency; **туристи́ческое аге́нство**（中）tourist office
旅游 **путеше́ствие**（中）journey; **тури́зм**（阳）tourism; **путеше́ствовать** to travel
旅游团 **тургру́ппа**（阴）tour group
旅游业 **тури́зм**（阳）tourism
屡受挫折的 **неуда́чный** unsuccessful
律师 **адвока́т**（阳）solicitor; **юри́ст**（阳）lawyer
绿色食品 **экологи́чески чи́стые проду́кты**（复）

organic food
掠夺行为 **ограбле́ние** (中) robbery
伦琴射线 **рентге́н** (阳) X-ray
轮椅 **инвали́дное кре́сло** (中) wheelchair
轮椅 **кре́сло-коля́ска** (中) wheelchair
罗马教皇 **Па́па Ри́мский** Pope
螺旋拔塞器 **што́пор** (阳) corkscrew
裸露的 **го́лый** naked
落水 **тону́ть/утону́ть** to drown
落下 **па́дать/упа́сть** to fall

M

妈妈 **мать** (阴), **ма́ма** (阴) mother, mum
麻烦 **пробле́ма** (阴) problem
麻醉 **нарко́з** (阳) anaesthetic
麻醉法 **нарко́з** (阳) anaesthetic
马上 **сра́зу же** at once
马戏团 **цирк** (阳) circus
买 **покупа́ть/купи́ть** to buy
麦秆 **соло́минка** (阴) straw
卖 **продава́ть/прода́ть** to sell
满是灰尘的 **пы́льный** dusty
满意的 **дово́льный** pleased, satisfied
忙地 **за́нято** taken, occupied
盲目的 **слепо́й** blind
毛巾 **полоте́нце** (中) towel
毛皮大衣 **шу́ба** (阴) fur coat
没有 **нет** no; **не** not; **без** without
没有咖啡因的咖啡 **ко́фе без кофеи́на** decaffeinated coffee
没有谁 **никто́** nobody, none
没有醉的 **тре́звый** sober
每个 **ка́ждый** each, every
每天的 **ежедне́вный** daily
每月的 **ежеме́сячный** monthly
每周的 **еженеде́льный** weekly
美国 **США** USA
美国的 **америка́нский** American
美国人 **америка́нец/америка́нка** (阳/阴) American *(people)*
美好的 **прия́тный** nice
美丽的 **прекра́сный** beautiful
美容师 **парикма́хер** (阳) hairdresser
美味的 **вку́сный** delicious
美元 **до́ллар** (阳) dollar
弥撒 **ме́сса** (阴) mass *(church)*
秘书 **секрета́рь** (阳) secretary
密码 **код** (阳) code
棉花 **ва́та** (阴) cotton wool
棉线 **ни́тки**(复) cotton *(thread)*
棉线 **хло́пок** (阳) cotton *(material)*
免费地 **беспла́тно** free of charge
免费入场 **вход свобо́дный** (阳) admission free
面包 **хлеб** (阳) bread
面粉糕饼 **вы́печка** (阴) pastry
面积 **пло́щадь** (阴) area

(measurement)
面容 **лицó** (中) face
面试 **собесéдование** (中) interview *(job)*
描述 **расскáзывать/рассказáть** to tell
秒 **секýнда** (阴) second *(time period)*
灭火器 **огнетуши́тель** (阳) fire extinguisher
民族 **национáльность** (阴) nationality
民族的 **национáльный** national
民族音乐 **нарóдная мýзыка** (阴) folk music
名字 **и́мя** (中) name
明白 **знать** know; **понимáть/поня́ть** to understand
明天 **зáвтра** tomorrow
明信片 **откры́тка** (阴) postcard
命令 **назначéние** (中) appointment
命运注定的 **смертéльный** fatal
摸 **трóгать/трóнуть** to touch
模特 **модéль** (阴) model
模型 **модéль** (阴) model
摩托车 **мотоци́кл** (阳) motorbike
陌生人 **незнакóмец/незнакóмка** (阳/阴) stranger
墨镜 **тёмные очки́** (复) goggles, sun glasses
某人 **нéкто, ктó-то** someone
某事 **нéчто, чтó-то** something
某物 **нéчто, чтó-то** something
母亲 **мать** (阴), **мáма** (阴) mother, mum
目的地 **пункт назначéния** destination
沐浴 **вáнна** (阴) bath
沐浴区 **мéсто для купáния** bathing area
牧师 **поп** (阳) priest *(Orthodox)*
墓地 **клáдбище** (中) cemetery
幕 **штóра** (阴) curtain
幕间休息 **антрáкт** (阳) interval *(theatre)*

N

拿 **брать/взять** to take; **носи́ть/нести́** to carry
拿开 **убирáть/убрáть** to take away
拿走 **убирáть/убрáть** to take away
哪个 **какóй** which
哪一个 **котóрый** (阳) /**котóрая** (阴) /**котóрое** (中) /**котóрые** (复) which
内科医生 **терапéвт** (阳) GP
内衣 **ни́жнее бельё** (中) underwear
内衣裤 **бельё** (中) linen
那些 **те** those
奶油 **мáсло** (中) cream
耐水的 **водостóйкий** waterproof
男厕所 **мужскóй туалéт** (阳) gents

男孩 **ма́льчик**（阳）boy
男女平等主义者 **феминист/ка**（阳/阴）feminist
男人的 **мужско́й** male
男性的 **мужско́й** male
南部 **юг**（阳）south
南部的 **ю́жный** southern
南方 **юг**（阳）south
南方的 **ю́жный** southern
难民 **бе́женец / бе́женка**（阳/阴）refugee
难相处的 **тру́дный** difficult
闹钟 **буди́льник**（阳）alarm clock
能 **мочь/смочь** can *(to be able)*
能够 **мочь/смочь** can *(to be able)*
能忍耐的 **терпели́вый** patient
你不正确 **Вы не пра́вы** you are not right
你好！ **До́брый день!** Good day.; **Приве́т!** Hello!
你叫什么名字？ **Как Вас зову́т?** What is your name?
你们 **вы** you
你们的 **ваш** your
你投保了吗？ **Вы застрахо́ваны?** Are you insured?
你正确 **Вы пра́вы** you are right
年 **год**（阳），**лет**（复）year
年长的 **ста́рый** old
年轻的 **молодо́й** young
尿 **моча́**（阴）urine
您 **Вы** you
您/你叫什么？ **Как Вас/тебя́ зову́т?** What is your name?
您的 **Ваш** your
您多大了？ **Ско́лько Вам лет?** How old are you?
您近况如何？ **Как ва́ши дела́?** How are you doing?
您说什么？ **Как Вы сказа́ли?** Pardon?
宁静的 **ти́хий** quiet, silent
柠檬水 **лимона́д**（阳）lemonade
牛奶 **молоко́**（中）milk
牛奶咖啡 **ко́фе с молоко́м** white coffee
纽扣 **пу́говица**（阴）button
农场 **фе́рма**（阴）farm
农场主 **фе́рмер**（阳）farmer
弄错 **ошиба́ться/ошиби́ться** to make a mistake
弄坏 **лома́ть/слома́ть** to break
女厕所 **же́нский туале́т**（阳）ladies
女衬衫 **блу́зка**（阴）blouse
女儿 **дочь**（阴），**до́чери**（复）daughter*(s)*
女服务员 **го́рничная**（阴）maid, cleaner
女朋友 **подру́га**（阴）friend *(female)*, girlfriend
女权运动者 **феминист/ка**（阳/阴）feminist
女人 **же́нщина**（阴）woman
女士 **госпожа́**（阴）Mrs; **леди**（阴）lady
女同性恋者 **лесбия́нка**（阴）lesbian

女王 **королéва** (阴) queen
女性的 **жéнский** female, feminine
挪开 **удалять/удалить** to remove

O

欧洲 **Еврóпа** Europe
欧洲的 **европéйский** European
呕吐 **рвóта** (阴) **vomiting; рвать/вы́рвать** to vomit, to be sick
呕吐出的东西 **рвóта** (阴) vomiting
偶然地 **случáйно** by chance
偶数的 **чётный** even *(not odd)*

P

排队 **стоя́ть в óчереди** to queue *(for)*
派遣 **посылáть/послáть** to send
盘 **диск** (阳) disc *(computer)*
盘子 **тарéлка** (阴) plate
抛售 **распродáжа** (阴) sale *(bargains)*
跑 **бéгать/бежáть** to run
喷泉 **фонтáн** (阳) fountain
烹饪法 **рецéпт** (阴) recipe
朋友 **друг** (阳), **друзья́** (复) friend(s)
篷车 **фургóн** (阳) van
膨胀的 **опу́хший** swollen
皮夹子 **бумáжник** (阳) wallet
啤酒 **пи́во** (中) beer
啤酒吧 **пивнóй бар** (阳) bar, beer cellar, pub
片剂 **таблéтка** (阴) tablet, pill
片刻 **секу́нда** (阴) second *(time period)*
漂白剂 **отбéливатель** (阳) bleach
票 **билéт** (阳) ticket
频繁的 **чáстый** frequent
品味 **вкус** (阳) taste
乒乓球 **настóльный тéннис** (阳) table tennis
平常的 **обы́чный** ordinary
平等的 **рáвный** equal
平坦的 **рóвный** even, flat
瓶子 **буты́лка** (阴) bottle
葡萄酒 **винó** (中) wine
葡萄酒和烈性酒店 **ви́нный магази́н** (阳) wine and spirits shop

Q

妻子 **женá** (阴), **жёны** (复) wife
骑（车、马）**éхать/éздить** to ride *(bike, horse)*
旗帜 **флаг** (阳) flag
起飞 **вы́лет** (阳) departure
起泡的 **шипу́чий** fizzy
气球 **возду́шный шар** (阳) balloon
气味 **зáпах** (阳) scent, smell
汽车 **автомоби́ль** (阳), **маши́на** (阴) car
汽车服务中心 **автосéрвис** (阳) garage *(for repairs)*
汽车租赁 **арéнда автомоби́лей** car hire
汽笛 **гудóк** (阳) siren

契约 **догово́р** (阳) contract
契约 **сде́лка** (阴) bargain *(deal)*
铅笔 **каранда́ш** (阳) pencil
签名 **подпи́сывать/подписа́ть** to sign; **по́дпись** (阴) signature
签署 **подпи́сывать/подписа́ть** to sign
签证 **ви́за** (阴) visa
签字 **по́дпись** (阴) signature
钱 **де́ньги(pi)** money
钱包 **бума́жник** (阳) wallet
潜水服 **гидрокостю́м** (阳) wetsuit
枪 **ружьё** (中) gun
强盗行为 **ограбле́ние** (中) robbery
强制的 **обяза́тельный** compulsory
墙 **стена́** (阴) wall
抢险服务（部门）**авари́йная слу́жба** (阴) breakdown service
桥 **мост** (阳) bridge
巧克力 **шокола́д** (阳) chocolate
切 **ре́зать** to cut
切成薄片的 **поре́занный на куски́** sliced
切断 **отключа́ть/отключи́ть** to cut (power); to switch off
切片 **ло́мтик** (阳) slice
亲 **целова́ть/поцелова́ть** to kiss
亲爱的 **дорого́й** darling; **ми́лый** dear *(loved)*
亲吻 **целова́ть/поцелова́ть** to kiss
侵犯 **напада́ть/напа́сть на** to attack, to assault
青霉素 **пеницили́н** (阳) penicillin
清洁袋 **гигиени́ческий паке́т** (阳) sick bag
清醒的 **тре́звый** sober
请 **пожа́луйста** please
请放心！ **Успоко́йтесь!** Calm down!
请柬 **приглаше́ние** (中) invitation
请进！ **Входи́те!** Come in!
请求 **про́сьба** (阴) request
请勿打扰 **не беспоко́ить** do not disturb
请勿手摸！ **Рука́ми не тро́гать!** Do not touch!
球 **мяч** (阳) ball
区域 **райо́н** (阳) district; **регио́н** (阳) region
取 **брать/взять** to take; **забира́ть/забра́ть** to pick up
取得成功 **добива́ться/доби́ться успе́ха** to succeed
取暖 **отопле́ние** (中) heating
取消 **отменя́ть/отмени́ть** to cancel
去 **в** to *(destination)*
去污剂 **пя́тновыводи́тель** (阳) stain remover
去脂的 **обезжи́ренный** low-fat
全部 **всё** everything
全寄宿 **по́лный пансио́н** (阳) full board

全科医生 **терапéвт** (阳) GP

全麦面包 **цельнозерновóй хлеб** wholemeal bread

全身麻醉 **óбщий наркóз** general anaesthetic

券 **билéт** (阳) ticket

缺点 **недостáток** (阳) fault

却 **а** while, and, but

确定 **подтверждáть/подтверди́ть** to confirm

确认 **подтверждáть/подтверди́ть** to confirm

裙子 **ю́бка** (阴) skirt

R

然后 **потóм** afterwards, then

燃料 **тóпливо** (中) fuel

燃烧 **горéть/сгорéть** to burn

绕行 **отклонéние** (中) diversion

热 **жар** (阳) heat; **жарá** (阴) heat

热的 **горя́чий, жаркий** hot

热地 **жáрко** (it's) hot *(weather)*

人 **лю́ди** (复) people

人工的 **искýсственный** artificial

人们 **лю́ди** (复) people

人群 **толпá** (阴) crowd

人行道 **тротуáр** (阳) pavement

人造的 **искýсственный** artificial

任何地方也不 **нигдé** nowhere

任何人 **ктó-нибудь** anyone

任何人也（没有） **никтó** nobody, none

任何什么 **чтó-нибудь** anything

任命 **назначéние** (中) appointment

仍然是 **оставáться/остáться** to remain

日 **день** (阳), **дни** (复) day(s)

日安！ **Дóбрый день!** Good day.

日期 **дáта** (阴), **числó** (中) date *(day)*

绒毛 **шерсть** (阴) wool

肉 **мя́со** (中) meat

肉类 **мя́со** (中) meat

如此 **так** so

如果 **éсли** if

如果…就… **éсли ...то** if... then

乳罩 **ли́фчик** (阳) bra

乳制品 **молóчные продýкты** (复) dairy products

入场费 **входнáя плáта** (阴) admission charge

入场券 **входнóй билéт** entrance ticket

入口 **вход** (阳) entrance

软饮料（不含酒精的饮料） **безалкогóльный напи́ток** (阳) soft drink

S

塞子 **прóбка** (阴) plug *(sink)*, cork

赛马场 **ипподрóм** (阳) racecourse

伞 **зонт** (阳) umbrella

散步 **гуля́ть** to go for a walk

散热器 **радиáтор** (阳) radiator

散装啤酒 **разливнóе пи́во** (中) draught beer

桑拿浴 **сáуна**（阴）sauna
嗓子 **гóлос**（阳）voice
扫雪机 **снéгоочистúтель**（阳）snowplough
扫帚 **вéник**（阳）broom
色盲 **дальтóник**（阳）colour-blind
色盲患者 **дальтóник**（阳）colour-blind
色情 **секс**（阳）sex *(intercourse)*
森林 **лес**（阳）forest
杀菌剂 **дезинфицúрующее срéдство**（中）disinfectant
杀蝇喷雾剂（杀虫剂）**аэрозóль**（阳）**от мух** fly spray
沙皇 **царь**（阳）tzar
沙滩 **песóк**（阳）sands
沙子 **песóк**（阳）sand
晒黑 **загáр**（阳）suntan; **загорáть/загорéть** to sunbathe
晒伤 **сóлнечный ожóг**（阳）sunburn
山丘 **холм**（阳）hill
删除 **удалять/удалúть** to remove
闪电 **мóлния**（阴）lightning
闪光灯 **вспы́шка**（阴）flash *(camera)*
善良的 **дóбрый** kind *(generous)*
伤害 **вред**（阳）damage
商标 **ярлы́к** brand
商店 **магазúн**（阳）shop
商量好 **договáриваться/договорúться** to arrange
商人 **бизнесмéн/ка**（阳/阴）businessman/woman
商业的 **коммéрческий** commercial
商业活动 **бúзнес**（阳）business
商用的 **коммéрческий** commercial
上演 **представля́ть/представить** to perform; **представлéние**（中）performance
烧焦 **горéть/сгорéть** to burn
勺子 **лóжка**（阴）spoon
舌头 **язы́к**（阳）tongue
设计师 **дизáйнер**（阳）designer
社会主义 **социалúзм**（阳）socialism
社会主义的 **социалистúческий** socialist
身份证 **удостоверéние**（中）**лúчности** proof of identity
身高 **рост**（阳）height *(of person)*
深度 **глубинá**（阴）depth
神父 **поп**（阳）priest *(Orthodox)*
神经的 **нéрвный** nervous
神经紧张的 **нéрвный** nervous
神圣的 **свящéнный** holy
审判员 **судья́**（阳）judge
婶母 **тётя**（阴）aunt
升 **литр**（阳）litre
生病 **болéть/заболéть** to be unwell
生病 **заболевáть/заболéть** to fall sick
生的 **сырóй** raw
生日 **день**（阳）**рождéния** birthday

S
汉俄英词典

生日快乐！**С днём рождéния!** Happy Birthday!
生锈的 **ржáвый** rusty
生意 **бúзнес**（阳）business
生意人 **бизнесмéн/ка**（阳 / 阴）businessman/woman
声音 **гóлос**（阳）voice; **звук**（阳）sound
甥女 **племя́нница**（阴）niece
圣诞节 **Рождествó**（中）Christmas
圣诞节快乐！ **С Рождествóм!** Merry Christmas!
圣诞树 **рождéственская ёлка**（阴）Christmas tree
圣洁的 **свящéнный** holy
圣像画 **икóна** icon
剩下 **оставáться/остáться** to remain
失败 **неудáча**（阴）failure
失去的 **потéрянный** lost
失物招领处 **бюрó нахóдок** lost property office
失业者 **безрабóтный**（阳）unemployed
湿润的 **влáжный** damp
十几岁的青少年 **подрóсток**（阳）teenager
什么 **что** what
什么时候 **когдá** when
什么样的 **какóй** what
什么也（不） **ничтó** nothing
石膏 **плáстырь**（阳）plaster
时代 **врéмя**（阳）time
时间 **врéмя**（阳）time; **час**（阳）hour
时间表 **расписáние**（中）timetable
时间的 **врéменный** temporary
时刻表 **расписáние**（中）timetable *(train)*
时髦 **мóда**（阴）fashion
时期 **врéмя**（中）time
时尚 **мóда**（阴）fashion
实例 **примéр**（阳）example
实验 **эксперимéнт**（阳）experiment; **óпыт**（阳）experience
食品商 **бакалéя**（阴）grocer's
食谱 **рецéпт**（阴）recipe
食堂 **столóвая**（阴）dining room, canteen
食物 **едá** food
食物中毒 **отравлéние**（中）food poisoning
食用的 **съедобный** edible
使难为情 **смущáть/смутúть** to embarrass, to confuse
使用 **употребля́ть/употребúть** to use
使用期 **срок гóдности**（阳）expiry date
士兵 **солдáт**（阳）soldier
世纪 **век**（阳）century
世界 **мир**（阳）world
市场 **ры́нок**（阳）market
市郊 **окрáина**（阴）outskirts; **прúгород**（阳）suburb
市中心 **центр гóрода** town centre
示范 **покáз**（阳）demonstration
事故 **авáрия**（阴）accident
事情 **дéло**（中）business, affair(s)
事物 **вéщи**（复）things

侍者 **официа́нт/ка**（阳/阴） waiter/waitress
试图 **пыта́ться/попыта́ться** to try
是 **да** yes
适配器 **ада́птер**（阳） adaptor
收发室 **регистрату́ра**（阴） reception
收集 **забира́ть/забра́ть** to pick up
收据 **квита́нция**（阴） receipt
手表 **часы́**（复） watch
手册 **инстру́кция**（阴） instructions, manual; **путеводи́тель**（阳） guide-book
手锤 **молото́к**（阳） hammer
手工制造 **сде́лан(о) вручну́ю** handmade
手机 **моби́льный телефо́н**（阳）, **моби́льник**（阳） mobile phone
手帕 **носово́й плато́к**（阳） handkerchief
手套 **перча́тки**（复） gloves
手提电脑 **ноутбу́к**（阳） laptop
手提箱 **чемода́н**（阳） suitcase
手纸 **туале́тная бума́га**（阴） toilet paper
守卫人员 **охра́нник**（阳） security guard
首都 **столи́ца**（阴） capital *(city)*
受凉 **простыва́ть/просты́ть** to have a cold, to get cold
售票处 **биле́тная ка́сса**（阴） ticket office
售罄 **про́дано** sold out
瘦的 **то́нкий, худо́й** thin, slim
书 **кни́га**（阴） book
书店 **кни́жный магази́н**（阳） bookshop
书籍 **кни́га**（阴） book
书写 **писа́ть/написа́ть** to write
叔叔 **дя́дя**（阳） uncle
舒服的，舒适的 **удо́бный** comfortable
输出 **экспорти́ровать** to export
蔬菜 **о́вощи**（复） vegetables
鼠标 **мышь, мы́шка**（阴） mouse
薯片 **карто́фельные чи́псы**（复） potato crisps; **хрустя́щий карто́фель**（阳） crisps
薯条 **карто́фельные чи́псы**（复） potato crisps; **чи́псы**（复） crisps
树木 **де́рево**（中） tree, wood
数量 **коли́чество**（中） amount
数码照相机 **цифрово́й фотоаппара́т**（阳） digital camera
数目 **коли́чество**（中） amount
数字 **число́**（中） number
数字的 **цифрово́й** digital
刷子 **щётка**（阴） brush
双人床 **двуспа́льная крова́ть** double bed
双重的 **двойно́й** double
谁 **кто** who
水 **вода́**（阴） water
水果 **фрукт**（阳） fruit
水流 **тече́ние**（中） stream

水龙头 **кран** (阳) tap
水平 **у́ровень**(阳) level *(height, standard)*
税 **нало́г** (阳) tax
睡觉 **спать** to sleep
顺序 **о́чередь** (阴) order
瞬间 **секу́нда** (阴) second *(time period)*
说 **говори́ть/сказа́ть** to say, to speak; **разгова́ривать** to talk
说定了! **Договори́лись!** Agreed!
说话 **говори́ть/сказа́ть** to say, to speak
说明 **инстру́кция** (阴) instructions, manual
丝 **шёлк** (阳) silk
丝绸 **шёлк** (阳) silk
丝绸的 **шёлковый** silk
丝的 **шёлковый** silk
私人的 **ча́стный** private; **ли́чный** personal
思考 **ду́мать/поду́мать** to think
思念 **скуча́ть** to miss *(nostalgia)*
撕破的 **по́рванный** torn
撕碎的 **по́рванный** torn
死的 **мёртвый** dead
死亡 **смерть** (阴) death
诵读困难 **дисле́ксия** (阴) dyslexia
送 **отправле́ние** (中) dispatch
送餐服务 **обслу́живание(п) номеров** room service
苏格兰 **Шотла́ндия** (阴) Scotland
苏格兰的 **шотла́ндский** Scottish
诉苦 **жа́лоба** (阴) complaint
素食的 **вегетариа́нский** vegetarian
素食主义者 **вегетариа́нец/вегетариа́нка** (阳/阴) vegetarian
速溶咖啡 **раствори́мый ко́фе** instant coffee
塑胶的 **пластма́ссовый** plastic
塑料袋 **полиэтиле́новый паке́т** (阳) plastic bag
塑像 **ста́туя** (阴) statue
酸的 **ки́слый** sour
酸奶 **йо́гурт** (阳) yoghurt
酸性的 **ки́слый** sour
随便什么 **что́-нибудь** anything
随便再来点什么 **что́-нибудь ещё** anything else
随后 **по́сле** after
岁 **год** (阳), **лет** (复) year(s)
隧道 **тонне́ль** (阳) tunnel
孙女 **вну́чка** (阴) granddaughter
孙子 **внук** (阳) grandson
孙子们 **вну́ки** (复) grandchildren
损害 **вред** (阳), **уще́рб** (阳) damage
损失 **уще́рб** (阳) loss
所 **бюро́** (中) office
所有人 **все** everyone, all
所有者 **владе́лец** (阳) owner
所指的是 **зна́чить** mean
锁 **замо́к** (阳) lock

锁上 **запира́ть/запере́ть** to lock

T

他 **он** he; **его́, ему**（第三格）him
他的 **его́** his
他们 **они́** they
他们的 **их** their, theirs
她 **её** her; **ей**（第三格）to her
她的 **её** her, hers
它 **оно́** it
它们 **они́** they
它们的 **их** their
太 **сли́шком** too
太贵 **сли́шком до́рого** too expensive
太阳 **со́лнце**（中）sun
太阳镜 **очки́ от со́лнца** sunglasses
瘫痪的 **парализо́ванный** paralysed
坦直的 **че́стный** honest
糖 **са́хар**（阳）sugar
糖果 **конфе́та**（阴）sweet
糖尿病患者 **диабе́тик**（阳）diabetic
躺 **ложи́ться/лечь** to lie down
烫（用开水）**ошпа́ривать/ошпа́рить** to scald
烫的 **горя́чий** hot
陶瓷 **кера́мика**（阴）pottery
陶器 **кера́мика**（阴）pottery
套上 **надева́ть/наде́ть** to put on
特别的 **специа́льный** special
特别推荐 **специа́льное предложе́ние**（中）special offer
特点 **осо́бенность**（阴）speciality
特惠 **льго́та**（阴）concession
特殊性 **осо́бенность**（阴）speciality
特征 **осо́бенность**（阴）speciality
疼痛 **боль**（阴）ache, pain
疼痛地 **бо́льно** painfully
提出 **представля́ть/предста́вить** to introduce
提供 **дава́ть/дать** to give
体育 **спорт**（阳）sport
体育场 **стадио́н**（阳）stadium
天 **день**（阳）, **дни**（复）day(s)
天气 **пого́да**（阴）weather
天生的 **есте́ственный** natural
天主教的 **католи́ческий** Catholic
天主教徒 **като́лик/католи́чка**（阳 / 阴）Catholic *(people)*
甜点 **сла́дкое** dessert
填满 **заполня́ть/запо́лнить** to fill in
笤帚 **ве́ник**（阳）broom
铁路的道口 **железнодоро́жный перее́зд**（阳）level crossing
听 **слу́шать/послу́шать** to listen (to)
听见 **слы́шать/услы́шать** to hear
听筒 **нау́шники**（复）head-phones

停！ **Стоп!** Stop!
停车 **паркова́ться/припаркова́ться** to park
停车场 **стоя́нка** car park
停留 **заде́ржка**（阴） delay; **остана́вливаться/останови́ться** to stay *(live)*
停止 **остана́вливаться/останови́ться** to stop; **отменя́ть/отмени́ть** to cancel
停滞 **заде́ржка**（阴） delay
通常 **обы́чно** normally
通常的 **обы́чный** ordinary
通过 **че́рез** via, through
通信地址 **а́дрес для пересы́лки по́чты** forwarding address
通行费 **входна́я пла́та**（阴） admission charge
通行证 **про́пуск**（阳） pass; **разреше́ние**（中） permit
通知 **сообще́ние**（中） message
同 **с** with
同事 **колле́га**（阳 / 阴） colleague
同行 **колле́га**（阳 / 阴） colleague
同性恋的 **гомосексуа́льный** homosexual
同样 **та́кже** also, as well
同桌 **сосе́д/ка**（阳 / 阴） neighbour
童车 **коля́ска**（阴） push-chair
痛 **боль**（阴） ache, pain
痛经 **бо́ли**（复） **при менструа́ции** period pains
痛苦的 **боле́зненный** painful
痛苦地 **бо́льно** painfully
头发 **во́лосы**（复） hair
头盔 **шлем**（阳） helmet
头痛 **головна́я боль**（阴） headache
投票 **голосова́ть/проголосова́ть** to vote
土豆 **карто́фель**（阳）, **карто́шка**（阴） potato
推车 **коля́ска**（阴） push-chair
推迟 **откла́дывать/отложи́ть** to postpone
推荐 **рекомендова́ть/порекомендова́ть** to recommend
退休 **отста́вка**（阴） retirement; **в отста́вке** retired
退休者 **пенсионе́р/ка**（阳 / 阴） pensioner
脱 **снима́ть/снять** to take off *(clothes)*
脱离 **отва́ливаться/отвали́ться** to come off
脱下 **снима́ть/снять** to take off *(clothes)*
脱脂的 **обезжи́ренный** low-fat

W

外国的 **иностра́нный** foreign
外国人 **иностра́нец/иностра́нка**（阳 / 阴） foreigner

外国人的 **иностра́нный** foreign

外交官 **диплома́т**（阳）diplomat

外甥 **племя́нник**（阳）nephew

外套 **смо́кинг**（阳）jacket

玩笑 **шу́тка**（阴）joke

顽皮的 **непослу́шный** naughty

挽救 **спаса́ть/спасти́** rescue

晚的 **по́здний** late

晚上好！**До́брый ве́чер!** Good evening.

惋惜地 **к сожале́нию** unfortunately

王室的 **короле́вский** royal

网吧 **интерне́т-кафе́**（中）internet café

网络连接 **интерне́т-связь**（阴）internet connection

网球 **те́ннис**（阳）tennis

网球场 **те́ннисный корт**（阳）tennis court

往楼上 **наве́рх** upstairs

往上边 **наве́рх** up

往这边 **сюда́** this way

忘掉 **забыва́ть/забы́ть** to forget

忘记 **забыва́ть/забы́ть** to forget

危险 **опа́сность**（阴）danger

危险的 **опа́сный** dangerous

威尔士 **Уэ́льс**（阳）Wales

威尔士的 **валли́йский, уэ́льский** Welsh

威尔士人 **валли́ец/валли́йка**（阳/阴）Welsh *(people)*

威尔士人的 **валли́йский** Welsh

微笑 **улыба́ться/улыбну́ться** to smile

为不吸烟者提供 **для некуря́щих** non-smoking

为了 **что́бы** in order to

为了您的健康干杯！ **За (Ва́ше) здоро́вье!** Cheers!

为什么（表示原因）**почему́** why

为什么（表示目的）**заче́м** why

围巾 **шарф**（阳）

伟大的卫国战争 **Вели́кая Оте́чественная война́** The Great Patriotic War

委屈的 **оби́женный** offended

委员会 **коми́ссия**（阴）commission

卫生的 **гигиени́ческий** hygienic

卫生巾 **гигиени́ческие прокла́дки**（复）sanitary towels

未婚的 **нежена́тый/не за́мужем**（阳/阴）unmarried（阳/阴）

未婚夫 **жени́х**（阳）bridegroom

味道 **за́пах**（阳）scent, smell

温度 **температу́ра**（阴）temperature

文件 **докуме́нт**（阳）document; **файл**（阳）, **па́пка**（阴）file

闻 **ню́хать/поню́хать** to

smell

蚊虫叮咬 **уку́с**（阳）**насеко́мого** insect bite

吻 **поцелу́й**（阳）kiss

问题 **вопро́с**（阳）question

问题 **пробле́ма**（阴）problem

我 **я** I; **меня́**（第二、四格）me

我不知道。**Я не зна́ю.** I don't know.

我的 **мой** my, mine *(of me)*

我对…感兴趣。**Я интересу́юсь (чем)** I am interested in…

我恶心 **меня́ тошни́т** I feel sick

我叫… **Меня́ зову́т** My name is

我们 **мы** we; **нас**（第二、第四格）us; **нам**（第三格）(to) us

我们的 **наш** our, ours

我呕吐。**Меня́ вы́рвало.** I was sick.

我想 **Я бы хоте́л/а**（阳/阴）I would like

我应该 **мне на́до** I need to

我着凉了。**Я просты́л/а**（阳/阴）I've caught a cold.

卧室 **спа́льня**（阴）bedroom

污点 **пятно́**（中）spot, stain

污染 **загрязне́ние**（中）pollution

无空闲的 **за́нятый, занятой** busy

无乐队伴奏夜总会节目主持人（DJ）**диск-жоке́й**（阳）disk jockey

无论谁 **кто́-нибудь** anyone

无论在哪 **где́-нибудь** anywhere

无铅的 **неэтилли́рованный** lead-free

无线电通信 **ра́дио**（中）radio

无知的 **невино́вный** innocent

无罪的 **невино́вный** innocent

五金 **мета́лл**（阳）metal

午饭 **ланч**（阳）**, обе́д**（阳）lunch, dinner

午休 **обе́денный переры́в** lunch break

舞蹈 **та́нец**（阳）dance

雾 **тума́н**（阳）fog

X

西方 **запад**（阳）west

西面 **запад**（阳）west

西面的 **за́падный** western

吸毒者 **наркома́н**（阳）drug addict

吸管 **соло́минка**（阴）straw *(drinking)*

吸烟 **кури́ть** to smoke

吸烟区 **ме́сто для куре́ния**（中）smoking area

吸引人的 **привлека́тельный** attractive

洗 **стира́ть/постира́ть** to wash (clothes); **мыть/помы́ть, вы́мыть** wash

洗的 **мо́ющийся** washable

洗涤 **стира́ть/постира́ть;**

мыть/помы́ть, вы́мыть to wash
洗涤的 **мо́ющийся** washable
洗涤剂 **мо́ющее сре́дство** (中) detergent
洗发水 **шампу́нь** (阳) shampoo
洗手间 **туале́т** (阳) toilet
喜爱 **люби́ть/полюби́ть** to love, to like
喜爱的 **люби́мый** favourite
喜欢 **нра́виться** to like:
我喜欢 **мне нра́вится** I like
戏剧 **спекта́кль** (阳) theatre
细致的 **делика́тный** delicate
瞎的 **слепо́й** blind
匣 **я́щик** (阳) box
狭窄的 **у́зкий** narrow
下（车） **выходи́ть/вы́йти** to go out, to get off *(bus)*
下边的 **ни́жний** lower
下面的 **ни́жний** lower
下雪。 **Идёт снег.** It's snowing.
下一个的 **сле́дующий** next
下雨。 **Идёт дождь.** It's raining.
下载 **загружа́ть/загрузи́ть** to download
吓唬 **пуга́ть/испуга́ть** to frighten
先生 **господи́н** (阳) Mr
闲人免进 **вход воспрещён** no admittance
咸味浓的 **солёный** salty
现代的 **совреме́нный** modern, up-to-date
现金 **нали́чные** (复) cash
现金支付 **плати́ть/заплати́ть нали́чными** to pay cash
现在 **сейча́с** now
线 **ли́ния** (阴) line
线路 **ли́ния** (阴) line
限速 **ограниче́ние** (中) **ско́рости** speed limit
限制的 **ограни́ченный** limited
乡村 **дере́вня** (阴) village
乡下 **се́льская ме́стность** (阴) countryside
相等的 **ра́вный** equal
相邻的 **сосе́дний** nearby
相遇 **встреча́ть/встре́тить** to meet; **встре́ча** (阴) meeting
香槟酒 **шампа́нское** (中) champagne
香水 **духи́** (复) perfume
香味 **арома́т** (阳) scent
香烟 **сигаре́та** (阴) cigarette
香子兰 **вани́ль** (阴) vanilla
箱子 **я́щик** (阳) box
箱式货车 **фурго́н** (阳) van
享受 **наслажда́ться/наслади́ться** to enjoy
想 **ду́мать/поду́мать** to think
想 **хоте́ть/захоте́ть** to want; **скуча́ть** to miss *(nostalgia)*
想吃东西 **хоте́ть/захоте́ть есть** to be hungry
想喝 **хоте́ть/захоте́ть пить** to be thirsty

想家 **скуча́ть по до́му** to be homesick

想要 **хоте́ть/захоте́ть** to want

向右 **напра́во** to the right

向左 **нале́во** to the left

相片 **фотогра́фия**（阴）, **фо́то**（中）photo

消毒剂 **дезинфици́рующее сре́дство**（中）disinfectant

消防队员 **пожа́рные**（复）fire brigade

消费者 **покупа́тель**（阳）customer

消化不良 **несваре́ние**（中）indigestion

消息 **но́вости**（复）news

小巴士 **маршру́тка**（阴）minibus

小包 **су́мочка**（阴）hand bag

小菜 **заку́ски**（复）starters *(food)*

小册子 **брошю́ра**（阴）leaflet

小吃店 **буфе́т**（阳）buffet

小的 **ма́ленький** little, small

小费 **чаевы́е**（复）tip *(in restaurant)*

小胡子 **усы́** moustache

小老鼠 **мышь, мышка**（阴）mouse

小礼拜堂 **часо́вня**（阴）chapel

小卖部 **буфе́т**（阳）buffet

小山冈 **холм**（阳）hill

小时 **час**（阳）hour

小手提包 **су́мочка**（阴）hand bag

小偷 **вор**（阳）thief

小心！ **Осторо́жно!** Watch out!

小心，油漆未干！ **Осторо́жно! Окра́шено!** Wet paint!

小心的 **осторо́жный** careful

小心恶狗！ **Осторо́жно! Зла́я соба́ка!** Beware of the dog!

笑 **смех**（阳）laugh

笑话 **шу́тка**（阴）joke

笑声 **смех**（阳）laugh

协定 **сде́лка**(阴) bargain *(deal)*

携带 **носи́ть/нести́** to carry

鞋 **ту́фель**（阳）, **ту́фли**（复）shoe(s)

鞋码 **разме́р о́буви** shoe size

写 **писа́ть/написа́ть** to write

写邮件 **писа́ть/написа́ть e-máil** to email

泻肚 **диарре́я**（阴）diarrohea

谢谢（多谢） **спаси́бо(большо́е)** thank you (very much)

心爱的 **ми́лый** dear *(loved)*

心脏病发作 **серде́чный при́ступ**（阳）heart attack

欣赏 **наслажда́ться/наслади́ться** to enjoy; **смотре́ть/посмотре́ть** to watch

新的 **но́вый** new

新教的 **протеста́нтский** Protestant

新教徒 **протеста́нтка**（阳/阴）

Protestant *(people)*
新教徒的 **протестáнтский** Protestant
新郎 **жени́х** (阳) bridegroom
新年 **Нóвый год** New Year's Day
新年快乐! **С Нóвым гóдом!** Happy New Year!
新娘 **невéста** (阴) bride, fiancé(e)
新闻 **нóвости** (复) news
新闻界 **прéсса** (阴) press *(newspapers)*
新鲜的 **свéжий** fresh
信息 **информáция** (阴) information; **сообщéние** (中) message
信息服务台 **спрáвочный стол** (阳) information desk
信用卡 **креди́тная кáрта** (阴) credit card
兴趣 **вкус** (阳) taste
星期 **недéля** (阴) week
行家 **экспéрт** (阳) expert
行李寄存处 **кáмера** (阴) **хранéния** left luggage office
姓 **фами́лия** (阴) surname
性 **секс** (阳) sex *(intercourse)*
兄弟 **брат** (阳) brother
胸衣 **ли́фчик** (阳) bra
休假 **óтпуск** (阳) holiday
休息日 **выходнóй** (阳) holiday, day off
修改 **чинить/почини́ть** to mend
修理 **ремонти́ровать/отремонти́ровать** to repair; **чини́ть/почини́ть** to mend
需要 **нуждáться** to need
需要 **нýжно** to have to:
您需要 **Вам нýжно...** you have to...
需要的 **нýжный** necessary
许多 **мнóго** many, much
许多人 **мнóгие** a lot (of), many
许可证 **разрешéние** (中) permit, licence *(fishing etc.)*
嗅 **нюхать/понюхать** to smell
喧吵的 **грóмкий** loud
喧闹的 **шýмный** noisy
选举 **вы́боры** (复) election
选择 **выбирáть/вы́брать** to choose
学 **учи́ть/научи́ть** to learn
学位 **диплóм** (阳) degree *(university)*
学习 **учи́ться** to study
学校 **шкóла** (阴) school
学院 **коллéдж** (阳) college
学者 **учёный** (阳) scholar
雪 **снег** (阳) snow
雪堆 **сугрóб** (阳) snowdrift
雪花 **снежи́нка** (阴) snowflake
雪橇 **сáни** (复) toboggan, sledge, sleigh
雪茄 **сигáра** (阴) cigar
雪人 **снегови́к** (阳) snowman
寻找 **искáть/найти́** to look for

Y

压 **нажимáть/нажáть** to press
押金 **залóг**（阳）deposit
鸭子 **ýтка**（阴）duck
牙齿的 **зубнóй** dental
牙的 **зубнóй** dental
牙膏 **зубнáя пáста**（阴）toothpaste
牙科医生 **стоматóлог**（阳）dentist
牙签 **зубочи́стка**（阴）toothpick
牙刷 **зубнáя щётка**（阴）toothbrush
牙疼 **зубнáя боль**（阴）toothache
牙医 **зубнóй врáч**（阳）dentist
烟灰缸 **пéпельница**（阴）ashtray
烟头 **окýрки** cigarette ends
烟雾 **тумáн**（阳）fog
淹死 **тонýть/утонýть** to drown
延长部分 **удлини́тель**（阳）extension lead
延迟 **отклáдывать/отложи́ть** to postpone
严格的素食主义者 **стрóгий вегетариáнец**（阳）vegan
炎热 **жарá**（阴）heat
炎热地 **жáрко** (it's) hot *(weather)*
盐 **соль**（阴）salt
眼镜 **очки́**（复）spectacles
演出 **представлéние**（中）performance
演出 **представля́ть/представить** to perform
演奏 **игрá**（阴）performance
焰火 **фейервéрк**（阳）fireworks
羊毛 **шерсть**（阴）wool
羊毛制的 **шерстянóй** woollen
羊皮大衣 **дублёнка**（阴）sheepskin coat
阳光充足的 **сóлнечный** sunny
阳台 **балкóн**（阳）balcony
样品 **модéль**（阴）model
样式 **тип**（阳）type
邀请 **приглашáть/пригласи́ть** to invite
邀请 **приглашéние**（中）invitation
药 **лекáрство**（中）medicine *(drug)*
药剂师 **аптéкарь**（阳）pharmacist
药片 **таблéтка**（阴）tablet, pill
药商 **аптéкарь**（阳）pharmacist
药箱 **аптéчка**（阴）first aid kit
也 **тáкже** also, as well
也许 **возмóжно** perhaps
也许的 **возмóжный** possible
野禽 **дичь**（阴）game *(wildfowl)*
野营 **кéмпинг**（阳）camping
野营地 **палáточный городóк**（阳）campsite
夜晚 **ночь**（阴）night

夜总会 **ночно́й клуб**（阳） nightclub
一半 **полови́на**（阴） half
一包糖 **коро́бка**（阴） **конфе́т** box of sweets
一层 **пе́рвый эта́ж** ground floor
一道菜 **блю́до**（中） dish
一对 **па́ра**（阴） couple, pair
一副 **па́ра**（阴） pair
一盒糖 **коро́бка**（阴） **конфе́т** box of sweets
一块 **кусо́к**（阳） piece, slice, lump
一块面包 **кусо́к хле́ба** slice of bread
一块糖 **кусо́к са́хара** sugar lump
一起 **вме́сте** together
一起走吧！ **Пойдёмте!** Let's go!
一切正常 **Всё в поря́дке** All right *(OK)*
一些东西 **не́что** something
一直 **пря́мо** straight on
一直在一起 **всё вме́сте** altogether
伊斯兰教 **исла́м**（阳） Islam
伊斯兰教的 **исла́мский** Islamic
衣服 **оде́жда**（阴） clothes
衣柜 **гардеро́б**（阳） cloakroom
医生 **врач**（阳）, **до́ктор**（阳） doctor *(med.)*
医疗的 **медици́нский** medical
医学的 **медици́нский** medical
医院 **больни́ца**（阴） hospital
依我看 **по-мо́ему** in my opinion
姨母 **тётя**（阴） aunt
胰岛素 **инсули́н**（阳） insulin
移动 **движе́ние**（中） traffic
移开 **удаля́ть/удали́ть** to remove
遗憾 **сожале́ние: к сожале́нию** unfortunately
遗失的 **потéрянный** lost
已婚（指男性） **жена́т** married *(man)*
已经 **уже́** already
已投保的 **застрахо́ванный** insured
已占用的 **за́нятый, занято́й** busy
已占用地 **за́нято** taken, occupied
以便 **что́бы** in order to
椅子 **стул**（阳） chair
义务的 **обяза́тельный** compulsory
艺术 **иску́сство**（中） art
议会 **парла́мент**（阳） parliament
译者 **перево́дчик/перево́дчица**（阳/阴） interpreter, translator
易碎的 **хру́пкий** fragile
意外 **несча́стный слу́чай**（阳） accident
意味着 **зна́чить** mean

因公务 **по де́лу** on business
因特网 **интерне́т**（阳）web *(internet)*
因为 **потому́ что** because
阴暗的 **тёмный** dark
音乐 **му́зыка**（阴）music
音乐会 **конце́рт**（阳）concert
音乐厅 **конце́ртный зал**（阳）concert hall
银 **серебро́** silver
银币 **серебро́** silver
银的 **сере́бряный** silver
银器 **серебро́** silver
银色的 **сере́бряный** silver
饮 **пить/вы́пить** to drink
饮料 **напи́ток**（阳）drink
饮食 **дие́та**（阴）diet
饮用水 **питьева́я вода́**（阴）drinking water
隐形眼镜 **конта́ктные ли́нзы**（复）contact lens
印刷 **печа́тать/напеча́тать** to print, to type
应该 **на́до** it is necessary
英镑 **сте́рлинг**（阳）**: фунт**（阳）**, фунт сте́рлингов** sterling: pound sterling
英格兰 **А́нглия**（阴）England
英国 **Великобрита́ния**（阴）Great Britain
英国的 **англи́йский** English; **брита́нский** British
英国人 **англича́нин/англича́нка**（阳/阴）English *(people)*; **брита́нец/брита́нка**（阳/阴）British *(people)*
婴儿 **младе́нец**（阳）baby
营救 **спаса́ть/спасти́** rescue
影星 **кинозвезда́**（阴）film star
硬的 **жёсткий** stiff, tough *(meat)*
硬盘 **жёсткий диск**（阳）hard drive
拥挤的 **перепо́лненный** crowded
拥有 **име́ть** to have
永远 **всегда́** always
永远不 **никогда́** never
泳裤 **пла́вки**（复）swimming trunks
优待 **льго́та**（阴）concession
优惠 **льго́та**（阴）concession
优雅的 **делика́тный** delicate
幽闭恐怖症 **клаустрофо́бия**（阴）claustrophobia
犹太教会堂 **синаго́га**（阴）synagogue
犹太教祭司 **равви́н**（阳）rabbi
犹太人的 **евре́йский** Jewish
犹太人集会 **синаго́га**（阴）synagogue
邮包 **посы́лка**（阴）parcel
邮寄 **отправля́ть/отпра́вить по по́чте** to post
邮票 **ма́рка**（阴）stamp *(postage)*
油 **ма́сло**（中）oil
油画 **ма́сло**（中）oil painting
油腻的 **жи́рный** fat, greasy
游客 **тури́ст**（阳）tourist
游览 **экску́рсия**（阴）guided

tour
游览图 **путеводи́тель** (阳) guidebook
游泳 **пла́вание** (中) swimming; **пла́вать** swim
游泳池 **бассе́йн** (阳) swimming pool
游泳衣 **купа́льник** (阳) swimsuit
友好的 **до́брый** kind *(generous)*
有 **име́ть** to have
有…? **есть...?** is there...?
有病的 **больно́й** ill
有毒的 **ядови́тый** poisonous
有辐射能的 **радиоакти́вный** radioactive
有轨电车 **трамва́й** (阳) tram
有过错的 **винова́тый** guilty
有害的 **вре́дный** harmful
有魅力的 **привлека́тельный** attractive
有名的 **знамени́тый** famous; **изве́стный** well-known
有耐心的 **терпели́вый** patient
有趣的 **интере́сный** interesting; **заба́вный** funny *(amazing)*
有确实根据的 **действи́тельный** valid
有色的 **цветно́й** colour
有时 **иногда́** sometimes
有限的 **ограни́ченный** limited
有效的 **действи́тельный** valid
有盐分的 **солёный** salty
有一次 **одна́жды** once
有远见的 **дальнозо́ркий** long-sighted
有云的 **о́блачный** cloudy
有执行权的 **исполни́тельный** executive
有组织的 **организо́ванный** organised
有罪的 **винова́тый** guilty
又 **опя́ть, сно́ва** again
右边 **напра́во** right
右边的 **пра́вый** right
娱乐 **развлече́ние** entertainment
娱乐表演 **развлече́ние** entertainment
与 **с** with
羽毛 **перо́** (中), **пе́рья** (复) feather
雨 **дождь** (阳) rain
雨衣 **плащ** (阳) raincoat
语言 **язы́к** (阳) language
浴帽 **купа́льная ша́почка** (阴) bathing cap
浴盆 **ва́нна** (阴) bathtub
浴室 **ва́нная(ко́мната)** (阴) bathroom
预订的 **зака́занный(зара́нее), зарезерви́рованный** reserved
预先通知 **предупрежда́ть/предупреди́ть** to warn
遇险 **ава́рия** (阴) emergency
原棉 **ва́та** (阴) cotton wool

原声电影 **фильм без перевóда** original language film

圆盖 **кýпол**（阳） dome

圆屋顶 **кýпол**（阳） dome

圆珠笔 **шáриковая рýчка**（阴） ballpoint pen

远 **далекó** far *(away)*

远视的 **дальнозóркий** long-sighted

院子 **площáдка**（阴） ground

月份 **мéсяц**（阳） month

月经 **менструáция**（阴）, **мéсячные**（复） period *(menstrual)*

月亮 **мéсяц**（阳） moon

钥匙 **ключ**（阳） key

运动 **движéние**（中） traffic

运用 **употреблять/употребúть** to use

熨斗 **утю́г**（阳） iron *(for clothes)*

熨平 **глáдить/поглáдить** to iron

Z

杂货店 **бакалéя**（阴） grocer's

杂技团 **цирк**（阳） circus

杂志 **журнáл**（阳） magazine

再见 **До свидáния** goodbye

在…地方 **на мéсте** on the spot

在…对面 **напрóтив** across *(opposite)*

在…后面 **сзáди** behind

在…旁边 **у** at, by, near

在…期间 **во врéмя** during

在…下面 **под** under

在…之后 **за** behind

在…之前 **до** until

在低处 **внизý** below

在国外 **за грани́цей** abroad

在过去 **в прóшлом** in the past

在户外 **на ýлице** outdoor(s)/outside

在里面 **внутрú** inside

在楼下 **внизý** below, downstairs

在面前 **впередú** in front of

在某地 **гдé-то** somewhere

在哪儿 **где** where

在内部 **внутрú** inside

在前面 **впередú** in front of

在上边 **наверхý** above, on top of

在外面 **снарýжи** outside

在晚上 **вéчером** in the evening

在下面 **внизý** below

在这里 **здесь** here

暂时的 **врéменный** temporary

葬礼 **пóхороны**（复） funeral

早餐 **зáвтрак**（阳） breakfast

早晨 **ýтро**（中） morning

早晨的 **ýтренний** morning

早上好！ **Дóброе ýтро!** Good morning.

贼 **вор**（阳） thief

怎样 **как** how

增值税 **НДС**（阳） VAT

憎恨 **ненави́деть** hate
炸的 **жа́реный** fried
债务 **долг** (阳) debt
展览会 **вы́ставка** (阴) exhibition
展示 **пока́з** (阳) demonstration
展示 **пока́зывать/показа́ть** to show
战争 **война́** (阴) war
站（公共汽车）**остано́вка** (阴) stop *(bus)*
站台 **платфо́рма** (阴) platform
站着 **стоя́ть** to stand
丈夫 **муж** (阳) husband
帐篷 **пала́тка** (阴) tent
找 **иска́ть** to look for
找到 **находи́ть/найти́** to find
照看孩子的人 **ня́ня** (阴) babysitter
照相机 **фотоаппара́т** (阳) camera
折 **лома́ть/слома́ть** to break
这不值得 **Э́то не сто́ит.** It's not worth it.
这个（是）**э́то** this is; **вот** here is/are
这个值多少钱? **Ско́лько э́то сто́ит?** How much does it cost?
这是 **э́то** these are
这是正确的 **Э́то пра́вда** that's true
这些 **э́ти** these
这样 **так** so
这一个 **э́тот** this *(one)*
这意味着什么? **Что э́то зна́чит?** What does this mean?
这值得。**Э́то сто́ит.** It's worth it.
针 **игла́** (阴) needle
真的 **настоя́щий** real *(authentic)*
真理 **пра́вда** (阴) truth
真正的 **настоя́щий** real *(authentic)*
诊所 **кли́ника** (阴) clinic
枕头 **поду́шка** (阴) cushion, pillow
疹 **сыпь** (阴) rash
蒸汽锅 **парово́й котёл** (阳) boiler
蒸汽浴 **са́уна** (阴) sauna
蒸汽浴室 **пари́лка** (阴), **парна́я** (阴) steam-room *(Russian bath)*
正确的 **ве́рный** true; **пра́вильный** correct
正式的 **официа́льный** official
证 **биле́т** (阳) ticket
政党 **па́ртия** (阴) party *(political)*
政府 **прави́тельство** (中) government
政客 **поли́тик** (阳) politician
政治 **поли́тика** (阴) politics
政治家 **поли́тик** (阳) politician
之后 **по́сле** after
支付 **плати́ть/заплати́ть** to pay
知道 **знать** know

织物 **ткань**（阴）fabric
执行的 **исполни́тельный** executive
执照 **разреше́ние**（中）permit, licence *(fishing etc.)*
侄女 **племя́нница**（阴）niece
侄子 **племя́нник**（阳）nephew
直接 **пря́мо** straight on
值日生 **дежу́рный/дежу́рная**（阳/阴）concierge, receptionist
职业 **профе́ссия**（阴）profession
止痛药 **болеутоля́ющее** painkiller
止血棉球 **тампо́н**（阳）tampon
只有 **то́лько** only, just
纸币 **банкно́т**（阳）banknote
纸巾 **бума́жные носовы́е платки́**（复）tissues
指南 **инстру́кция**（阴）instructions, manual; **путеводи́тель**（阳）guidebook
指示 **назначе́ние**（中）prescription
指责 **обвиня́ть/обвини́ть** to accuse
制药者 **апте́карь**（阳）pharmacist
治好 **выле́чивать/вы́лечить** to cure
治疗 **лече́ние**（中）treatment
治愈 **выле́чивать/вы́лечить** to cure
质量 **ка́чество**（中）quality
致命的 **смерте́льный** fatal
中部的 **сре́дний** medium
中等的 **сре́дний** medium *(size)*
中间的 **сре́дний** medium *(size)*
中年 **сре́дних лет** middle age
中心 **центр**（阳）centre
中央的 **центра́льный** central
终点 **фи́ниш**（阳）finish
终点站 **коне́чная ста́нция**（阴）terminus
终止 **остана́вливаться/останови́ться** to stop
钟表 **часы́**（复）clock *(time)*
种痘 **приви́вка** vaccination
中暑 **со́лнечный уда́р**（阳）sunstroke
重的 **тяжёлый** heavy
州 **о́бласть**（阴）region
周 **неде́ля**（阴）week
周年纪念日 **годовщи́на**（阴）anniversary
珠宝商店 **ювели́рный магази́н**（阳）jeweller's
珠宝制品 **ювели́рные изде́лия**（复）jewellery
主题公园 **парк культу́ры и о́тдыха** theme park
煮 **кипяти́ть/вскипяти́ть** to boil
煮水器 **кипяти́льник**（阳）water heater
住房 **жильё**（中）accommodation
住所 **жильё**（中）accommoda-

tion

住在帐篷里 **жить в пала́тке** to camp

助听器 **слухово́й аппара́т** (阳) hearing aid

注册 **зарегистри́роваться** to register; **регистри́роваться/зарегистри́роваться** to check in

注册科 **регистрату́ра** (阴) reception

注射 **уко́л** (阴) injection

注射剂 **уко́л** (阴) injection

注射针 **игла́** (阴) needle

祝贺你！ **Поздравляю!** Congratulations!

祝你好胃口！ **Прия́тного аппети́та!** Enjoy your meal!

祝您成功！ **Уда́чи!** Good luck!

著名的 **знамени́тый** famous

拽 **тяну́ть/потяну́ть** to pull

专家 **специали́ст** (阳) specialist; **экспе́рт** (阳) expert

转动 **повора́чивать/поверну́ть** to turn

转角 **у́гол** (阳) corner

转接器 **ада́птер** (阳) adaptor

转向 **повора́чивать/поверну́ть** to turn

转移 **отклоне́ние** (中) diversion

装满 **загружа́ть/загрузи́ть** to load up

装载 **загружа́ть/загрузи́ть** to load up

准备 **гото́вить/пригото́вить** to prepare

准备好的 **гото́вый** ready

准确的 **ве́рный** true

准时 **во́время** on time

桌子 **стол** (阳) table

着凉 **простыва́ть/просты́ть** to have a cold, to get cold

咨询台 **спра́вочный стол** (阳) information desk

资料 **материа́л** (阳) material

字 **сло́во** (中) word

字典 **слова́рь** (阳) dictionary

字母 **бу́ква** (阴) letter *(of alphabet)*

字幕（电影、电视的） **субти́тры** (复) subtitles

自动的 **автомати́ческий** automatic

自动化的 **автомати́ческий** automatic

自动取款机 **банкома́т** (阳) cashpoint

自动应答器 **автоотве́тчик** (阳) answering machine

自然的 **есте́ственный** natural

自行车 **велосипе́д** (阳) bicycle

自制的 **дома́шний** home-made

宗教 **рели́гия** (阴) religion

总裁 **президе́нт** (阳) president

总理 **премье́р-мини́стр** (阳) prime minister

总统 **президе́нт** (阳) president
走 **идти́,ходи́ть** to go *(on foot)*
走吧！ **Пойдёмте!** Let's go!
租房 **снима́ть/сня́ть(кварти́ру)** to rent *(a flat)*
租赁 **аре́нда** (阴) hire
租赁 **прока́т** (阳) rental, hire
租用 **брать/взять напрока́т** to hire
足球 **футбо́л** (阳) football
组织 **устра́ивать/устро́ить** to arrange
钻石 **алма́з** (阳) diamond
最好 **лу́чше** better
最好的 **лучший** best
最后的 **после́дний** last
最新的 **после́дний** last
遵循 **сле́довать/после́довать** to follow
昨天 **вчера́** yesterday
左边 **нале́во** left
左侧的 **ле́вый** left
左面的 **ле́вый** left
作曲家 **компози́тор** (阳) composer
作者 **а́втор** (阳) author
坐（船） **е́хать/е́здить** go *(in a vehicle)*
坐（船）回家 **ехать/поехать домо́й** go home *(in a vehicle)*
坐车 **на маши́не** by car
坐垫 **матра́ц** (阳) mattress
坐下 **сади́ться/сесть** to sit *(down)*
座位 **ме́сто** (中) place, seat
做 **де́лать/сде́лать** to do, to make
做饭 **гото́вить/пригото́вить** to cook

CD **сиди́** (阳) CD
CD 光盘 **компа́кт-диск** (阳) CD
CD-Rom **сидиро́м** (阳) CD-Rom
DVD 播放器 **дивиди-пле́ер** (阳) DVD-player
DVD 光盘 **дивиди** (阳) DVD
PIN 码 **ПИН код** PIN number
SIM 卡 **сим-ка́рта** (阴) SIM card
T 恤衫 **футбо́лка** (阴) T-shirt
USB 储存卡 **ка́рта** (阴) **па́мяти USB** USB stick
USB 接口线 **ка́бель** (阳) **USB** USB lead